Franz Josef Czernin
Urs Engeler Editor

Franz Josef Czernin

DER HIMMEL
IST BLAU

Aufsätze zur Dichtung

Der Himmel ist blau. Zur Poesie 7

Poesie, nach Monsieur Teste 19

Falten und Fallen. Zu Durs Grünbeins Gedichtband 29

Die Regel, das Spiel und das Andere. Zum Werk Oskar Pastiors 59

H.C. Artmann und die heruntergekommene Poesie 87

Zum Verhältnis von Religion zur Poesie
in der Dichtung Christine Lavants 107

Zu Adalbert Stifters *Witiko* 135

Zur Dichtung 155

DER HIMMEL IST BLAU

Zur Poesie

Dies ist blau, und das ist der Himmel; und was da steht, das ist ein Haus; und das jetzt sind Geräusche aus einem Mund, Sprachlaute; und da ist Dunkles, das sind Buchstaben; und dies ist weiss und ist … ein Blatt: Gegenstände der Sinne, vor Augen oder vor Ohren.

Das ist … ein Glück, und dies ist … Hass …, und dies ist die Vorstellung davon, und das ist die Erinnerung daran: innere Gegenstände; sie sind, vielleicht, allein mir selbst gegeben.

Ob Gegenstände der Sinne oder innere Gegenstände: sie sind hier und jetzt, und nirgends ist ein Wort, ein Zeichen, ein Sinn.

Gibt es diese unvermittelte Gegenwart aber? Kann das unvermittelt Gegebene erfahren werden ohne seinen Begriff? Vielleicht gibt es ohne ein Verhältnis zu den Begriffen keine Gegenwart für die Gegenstände der Sinne; vielleicht kann man erst durch einen Begriff etwas als blauen Himmel oder als ein Haus oder als Buchstaben auf weissem Papier erkennen. Und vielleicht gibt es ohne ein Verhältnis zu Begriffen auch keine Gegenwart für innere Gegenstände, für Glücks- oder Hasszustände etwa oder für die Vorstellung von ihnen oder für die Erinnerung an sie.

Angenommen nun, ein Begriff ist nicht etwas, das in einem bestimmten Zeitraum stattfindet: Dann wäre er weder ein sinnlich Wahrnehmbares, noch ein inneres Ereignis. Doch wenn dem so wäre: Kann man dann den blauen Himmel oder das Haus, die Buchstaben auf dem weissen Blatt, kann man dann Glücks- oder Hasszustände oder ihre Erinnerung oder Vorstellung zu einem bestimmten Zeitpunkt als solche erkennen? Würde aber ein unvermitteltes Erkennen von Gegenständen, ob von äusseren oder inneren, nicht eben einen bestimmten Zeitpunkt des Erkennens voraussetzen? Wie also, wenn es keinen bestimmten Zeitraum für das Erkennen des blauen Himmels, des Hauses, der Buchstaben und des weissen Blattes gibt, und auch keinen bestimmten Zeitraum für das Erkennen von Glück oder Hass? Was ist dann Gegenwart, was sind dann Zeit und Raum, was sind dann Gegenstände, wenn ihr Erkennen nicht in einem bestimmen Zeitraum und also weder zum ersten noch zum letzten Mal geschehen kann?

*

Der Himmel ist blau und *Da steht ein Haus*; Sätze und Aussagen, so vertraut und bekannt, ja, so selbstverständlich wie vielleicht der blaue Himmel und wie ein Haus selbst; einfache Sätze oder einfache Aussagen, deren Verständnis gesichert scheint: Es ist doch so oft wahr, dass der Himmel blau ist und dass da ein Haus steht, und es ist ebenso oft falsch – und es ist doch so leicht festzustellen, ob das eine oder das andere.

Doch wie seltsam und wie verwirrend: Wenn die Sätze *Der Himmel ist blau* und *Da steht ein Haus* Teile eines Gedichtes sind, die auf den blauen Himmel oder auf ein Haus Bezug nehmen, sind der blaue Himmel und das Haus, sind die Dinge, von denen die Rede ist, zumeist den Sinnen gerade nicht gegenwärtig. Denn wenn ich lese, dann *sehe* ich dunkle Buchstaben auf einem weissen Blatt, jedoch weder den Himmel noch ein Haus. Wie steht es dann aber mit der wie selbstverständlichen Wahrheit von Aussagen, wenn ich sie gerade dann nicht ohne weiteres verifizieren kann, wenn ich sie lese? Warum sind Aussagen nicht genau dann verifizierbar, wenn man die entsprechenden Sätze liest? Als ob alle Zufälligkeit, ja alle Unordnung der Welt sich schon darin zeigen würde!

*

Wir lesen Buchstaben – die Zeichen *Der Himmel ist blau* und *Da steht ein Haus.*

Doch das, was die Sätze aussagen, nämlich dass der Himmel blau ist und dass das Haus da steht, das ist zumeist gerade nicht vor unseren Augen; das, was die Sätze aussagen, ist nicht für unsere Sinne gegenwärtig. Aber heisst das, dass es überhaupt nicht gegenwärtig ist?

Angenommen, eine Aussage ist aus Begriffen zusammengesetzt, und angenommen auch, dass Begriffe in keinem bestimmten Zeitraum stattfinden. Dennoch gibt es vielleicht eine Gegenwart von Aussagen, wenn diese Gegenwart auch kein Zeitraum, jedenfalls kein Zeitraum für die Sinne ist. Vielleicht sind also Aussagen, Begriffe auf andere Weise gegenwärtig als ein blauer Himmel oder ein Haus. Vielleicht sind sie Gegenstände in einer eigenen Sphäre, die ihre eigene Art von Gegenwärtigkeit hat.

Und es gibt, wenn wir Sprache gebrauchen, noch viele andere Dinge, die nicht für die Sinne, jedoch auf ihre eigene Weise gegenwärtig sind: Auch grammatikalische Formen beispielsweise sind gegenwärtig und bilden eine eigene Sphäre von Gegenständen. Und werden Gefühlszustände wie Glück oder Hass sprachlich bezeichnet, dann erfahren wir sie, wenn überhaupt, als geisterhafte Gegenwart – in einer Sphäre für sich, vielleicht als Vorstellung oder als Erinnerung. So sind, wenn wir zum Beispiel ein Gedicht lesen, die Gegenstände der Sinne, die dunklen Buchstaben, das weisse Blatt oder die sprachlichen Laute nur eine Sphäre und eine Gegenwart unter anderen. Vielleicht gibt es, wenn wir ein Gedicht lesen, unzählige solcher Sphären mit ihren eigenen Gegenwarten und Gegenständen, die durcheinanderwirken, ohne dass wir davon viel bemerken können.

*

Wie nun, wenn sich, da wir ein Gedicht lesen oder sprechen, zeigt, dass jede seiner Sphären mit der ihr eigenen Gegenwart und Gegenständlichkeit in zufälligem oder willkürlichem Verhältnis zu jeder anderen steht? Eben sind uns da noch Buchstaben oder Laute gegenwärtig, und schon finden wir uns in der Sphäre der Erinnerungen oder Vorstellungen wieder; kaum erfahren wir die Gegenwart von Erinnerungen oder Vorstellungen, begegnen wir uns plötzlich unter erinnerten oder vorgestellten Dingen, vielleicht unter einem blauen Himmel oder in einem Haus, unter Dingen jedenfalls, die keine Begriffe und keine Grammatik zu kennen scheinen. Dann ist mit einem Mal die Aufmerksamkeit auf die Grammatik gerichtet: darauf etwa, dass dies das Substantiv und Subjekt *Himmel* ist und dies das Adjektiv *blau*, bis wir, unversehens, in einen Bereich abstrakter Gegenstände geraten sind: Begriffe und Aussagen. Versteht man diese, sieht man keine Buchstaben und hört keinen Laut, weiss man, so scheint es, kaum etwas von Erinnerungen oder Vorstellungen oder gar vom blauen Himmel oder von einem Haus.

So können, wenn wir ein Gedicht lesen oder schreiben, die Vertrautheit und der bekannte Gebrauch der Sätze *Der Himmel ist blau* und *Da steht ein Haus* als in einem seltsamen Gegensatz zu der Unordnung der einander ständig wie willkürlich verdrängenden Sphären, Gegenwarten und Gegenstände erfahren werden. Wie erstaunlich und wie rätselhaft ist es angesichts dieser Unordnung, dass die Sprache, dass eine Aussage irgendetwas mit anderen Tatsachen, mit einem blauen Himmel oder einem Haus zu tun haben soll – entweder, indem sie wahr oder indem sie falsch ist!

Als ob die Annahme oder die Tatsache, dass ein Satz ein Gedicht sei oder Teil eines Gedichtes, die Gleichförmigkeit, Kontinuität und Kohärenz des Satzes und ebenso die selbstverständlich mögliche Wahrheit oder auch Falschheit der Aussage zerstörte oder wenigstens unterwanderte – oder dies, wie ich glaube, jedenfalls tun sollte. Denn sollte ein Gedicht – und wenn es auch nur von einem blauen Himmel oder von einem Haus redet – nicht auch das sein, was zeigt, wie fremd oder fern einander Laute und Buchstaben, Buchstaben und Wörter, Wörter und Begriffe oder auch Sätze und Aussagen sind, und dann auch, wie fern Laute, Buchstaben, Wörter, Begriffe, Sätze und Aussagen, alle diese sprachlichen Sphären und

Gegenwarten, von dem blauen Himmel und dem Haus oder den Erinnerungen daran, den Vorstellungen davon sind?

*

Der Himmel ist blau – dieser Satz sei ein Vers in einem Gedicht. Doch was haben die Buchstaben, die Laute des Wortes *Himmel*, was hat das Wort *Himmel* und was hat der blaue Himmel selbst mit einem weissen Pferd zu tun, da sich *Himmel* und *Schimmel* doch reimen; und was hat der Schimmel, der ein Pferd ist, mit dem Schimmel zu tun, der ein weisser Pilz ist? Sind da vielleicht Gegensätze verborgen, etwa zwischen dem, das zersetzt wird, zerfällt, verschimmelt eben, und dem Himmel in seiner blauen Dauerhaftigkeit und unversehrten Reinheit? Vielleicht hängt (in diesem Gedicht) jenes Zerfallen oder Verschimmeln mit einem Zustand des Hasses zusammen, so wie der blaue Himmel mit einem Glückszustand. Und könnte dann nicht auch das Haus, von dem das Gedicht sagt, dass es *da steht*, in einem wieder anderen Gegensatz zum blauen Himmel stehen?

Und sind nicht die Buchstaben oder Laute des Wortes *Himmel* nur gleichsam blinde und taube Mittel der Kennzeichnung grammatikalischer Kategorien, die ihrerseits nicht erkennen lassen, wie sie zu Begriffen kommen, mit denen sie doch einhergehen. Und der Begriff des Himmels und der Begriff der Bläue und die Aussage, dass der Himmel blau ist – was haben all diese abstrakten Gegenstände – diese Gegenstände ohne einen bestimmten Zeitraum – mit den Lauten, den Buchstaben zu schaffen, ausser dass sie, so zufällig wie möglich, gemeinsam in einer sprachlichen Äusserung vorkommen? Und die Vorstellungen oder Erinnerungen an einen blauen Himmel oder an ein Haus, geben sie tatsächlich etwas von der Weise wieder, in der das Vorgestellte oder Erinnerte existiert oder existiert hat? Erinnert man sich an den blauen Himmel auf eine dem blauen Himmel gemäße Weise? Oder an ein Haus in häuslicher Form?

*

Jetzt die Laute, ihr Klang, *hier* die Buchstaben, ihre Form, ihr Anblick, *dort* Erinnerungen und Vorstellungen; da der blaue Himmel, dort ein Haus, irgendwann, irgendwo ein Glücks- oder ein Hasszustand; und kein Unterschied, keine Gemeinsamkeit, so scheint es, zwischen all diesen Gegenständen und ihren Sphären, die nicht mehr oder weniger willkürlich oder zufällig sind. Was denn und wie denn mit all diesen Gemeinsamkeiten und Unterscheidungen, mit diesen insularen Korrespondenzen, Konsonanzen oder Dissonanzen anfangen? Alles lässt sich doch mit allem vergleichen, alles lässt sich von allem anderen unterscheiden! Alles hat mit allem anderen unter irgendeinem Gesichtspunkt etwas gemeinsam, alles unterscheidet sich von allem anderen unter irgendeinem Gesichtspunkt. Ist es also nicht so, dass hier, in diesem Gedicht, nur eine Willkürlichkeit die nächste zeitigt, ja, die Sprache selbst die Nacht ist, in der alles Dunkle schwarz ist, und die Sphären, ihre Gegenstände und Gegenwarten die Dunkelheit sind, die die dunkle Sprache ihrerseits umnachten? Wie denn eine – und wenn, welche – Brücke schlagen oder abbrechen, welche Gemeinsamkeit oder Gleichartigkeit, Gleichheit oder Implikation, welchen Unterschied oder Gegensatz oder Widerspruch wirksam werden lassen, welche Merkmale herausstellen, welche in den Hintergrund rücken, um die Gegenwart und die Gegenstände einer Sphäre an den anderen herauszubilden und deutlich zu machen, ja, um die Sphären, ihre Gegenwarten und Gegenstände aneinander zu entfalten?

Ob es angesichts dieser, wie es scheint, unendlich komplexen Aufgabe – da in jedem Augenblick ganze Heerscharen von Dingen gleichermaßen nach ihrer Gemeinsamkeit verlangen oder sie zurückweisen und nach Unterscheidungen ebenso rufen wie sie verweigern – nicht nur vernünftig ist, alle Hoffnung auf ein Gedicht, das anderes und mehr ist als Erkenntnis von Zufälligkeit, auf ein Gedicht also, das seinen Namen verdient, fahren zu lassen? Oder sind wir schon mitten in einem Gedicht, da wir diese Willkürlichkeit, diese Zufälligkeit, diese wie schrankenlose Kontingenz erfahren oder über sie nachdenken?

*

Es gibt keine allgemeine Antwort auf diese Fragen, nur die Erfahrung bestimmter Gedichte. Denn Gedichte sind nichts anderes als der Versuch, Gemeinsamkeiten ebenso wie Unterschiede dort zu entdecken oder zu erfinden, wo sie zu sein verlangen, vielleicht, wo sie sein sollen:

Da beginnt ein Gedicht oder sein Lesen mit dem Satz *Aber der Himmel ist blau*, also mit der Buchstabenfolge *A*, *B* und deshalb mit einem auch das Alphabet selbst evozierenden Anfang und zugleich mit der Sphäre sinnlich wahrnehmbarer Gegenstände. Eben jenes Wort *Aber* kann dann den Bezug auf etwas anderes enthalten, eine Entgegensetzung zu etwas, das schon geschehen sein muss; aus dieser Entgegensetzung könnte in dem Gedicht – vielleicht in Konsonanz mit der Evokation des Alphabets – der Anfang eines Widerstandes gegen das Willkürliche, das Zufällige entstehen. Dieser Gegensatz zieht dann vielleicht den nächsten nach sich; etwa zwischen dem Satz *Aber der Himmel ist blau* und seiner wie selbstverständlichen Vertrautheit; vielleicht aber entwickelt das Gedicht auch den Gegensatz zwischen der Gegenwart, der Sphäre des Satzes, und einer Vorstellung vom Himmel, einer Erinnerung an einen Himmel, an einen freien Himmel vielleicht, wo von einem Haus, von einem Dach und ebenso von Buchstaben oder Sprachlauten kaum eine ferne Ahnung wirksam ist. So könnte das Gedicht es dazu bringen, dass als Gegenbild des Satzes – seines bestimmten Auftretens und Entgegensetzens – die Gegenwart unbestimmt-grenzenloser Bläue erfahren wird, ein äther-ozeanisches Glücksgefühl vielleicht, das sich dann (doch wie viel hätte das Gedicht zu tun, uns davon zu überzeugen!) wieder mit dem Anfang, mit dem Alphabet, verkörpert durch die Buchstabenfolge *A, B* verknüpft. Verliefe das Gedicht so, könnte es dann nicht auch die Frage nach dem Anfangen enthalten, nach seinem eigenen Anfangen im Besonderen: Kann man anfangen, ein Gedicht zu schreiben oder zu lesen? Ist der Glaube daran nicht ebenso fragwürdig wie die feste Annahme, man könne den Himmel oder das Haus oder auch die Buchstaben auf dem weissen Blatt, man könne Zuneigung oder Hass zum ersten oder zum letzten Mal und also unvermittelt erkennen? Wie, wenn es ebenso wenig einen Anfang und ein Ende des Gedichtes oder seines Lesens gibt, wie es kein erstes und kein letztes Mal für die Erfahrung des blauen Himmels, eines Hauses, der Buchstaben und des weissen Blattes gibt? Doch was ist ein Gedicht, was ist sein Lesen, wenn es nicht zum ersten und zum letzten Mal geschehen kann? Was sind dann der Raum und die Zeit eines Gedichtes?

*

Angenommen, der Vers *Aber der Himmel ist blau* legt eine Gemeinsamkeit mit einem Glückszustand nahe. Vielleicht erinnert der blaue Himmel dieses Gedichtes, seine ungetrübte Bläue, seine wie grenzenlose Dauerhaftigkeit oder auch die Möglichkeit, sich in einem solchen blauen Luftozean vorzuschweben, an einen Glückszustand oder evoziert dessen Vorstellung. Und vielleicht zeugt hier eine Gemeinsamkeit die nächste, eine Kette von Gemeinsamkeiten könnte (gleichsam in Form von Ober- oder Untertönen) anklingen, bis das Gedicht auch aussagt, dass jenes Glücksgefühl selbst ein Himmel oder eine Art Himmel sei … In dem Augenblick, da das Gedicht aussagt, ein Glückszustand sei ein blauer Himmel, wird eine Bahn, ein Bogen geschlagen, auf dem einige, viele oder auch zahllose Merkmale des blauen Himmels hinüberwandern, um als Merkmale jenes Glücksgefühls erfahren zu werden. In diesem Augenblick geschieht etwas Entscheidendes, etwas, das in Gedichten zumeist, vielleicht immer geschieht, nämlich das, was wir *Übertragung von Sinn*, insbesondere *metaphorische Übertragung* nennen. In diesem Augenblick, da ein Zustand des Glücks Merkmale des blauen Himmels haben soll, hat sich die Aussage *der Himmel ist blau* aus ihrer verlässlichen, auf Sinneserfahrung gründenden Wahrheit oder Falschheit gelöst: Der Himmel des Glückszustandes ist dann vielleicht nicht sinnlich wahrnehmbar und ebenso wenig seine Bläue. Dieser Himmel eines Glücksgefühls mag sogar Merkmale besitzen, die ansonsten häufig als unvereinbar mit Gefühlszuständen angenommen werden. Dieser Himmel, von dem das Gedicht redet, ist dann vielleicht nur in einem seiner Zustände – die einer bestimmten Sphäre, ihrer Gegenwart, ihren Gegenständen entspricht –, ein Gegenstand der Sinne und kein Gemützustand. Der Himmel der Sinne, etwa der Astronomie oder der Meteorologie liegt dann fern, ja, womöglich wird jenes Merkmal sinnlicher Wahrnehmbarkeit, das ansonsten ein den Himmel definierendes Merkmal sein mag, zu einer losen Verknüpfung, die manchmal wirksam ist und manchmal nicht.

Und wenn nun in dem Gedicht ein Glücksgefühl Merkmale des blauen Himmels hat und der Himmel selbst nicht oder nicht nur die Merkmale, die ein Himmel hat, der nicht anders als sinnlich wahrgenommen werden kann, so liegt dann auch bald nahe, das Gedicht nicht nur sagen zu lassen, dass das Glücksgefühl ein blauer Himmel ist, sondern auch das Umgekehrte: dass der blaue Himmel ein Gefühls-, ein Glückszustand ist; so als ob die Gefühle, die wir von unseren sinnlichen Wahrnehmungen unterscheiden, wenigstens unter bestimmten Umständen auch draussen oder dort oben sein könnten, in unseren Wahrnehmungen oder gar in dem, was wir als den reinen blauen Himmel wirklich wahrnehmen.

Würde uns dieses Gedicht all dies zu erfahren und zu verstehen zumuten, dann würden die Sphäre der sinnlich wahrnehmbaren Gegenwart, ihrer Gegenstände und die Sphäre der Gefühlszustände zusammenklingen. Und eben dieser Zusammenklang könnte, vielleicht vermittelt durch das Gefühl eines Umwölbtseins von dem blauen Himmel, der ein Glücksgefühl ist, oder in dem Glücksgefühl, das ein blauer Himmel ist, dann auch auf das Haus, das Haus, von dem in dem Gedicht gesagt wird, dass es da steht, übertragen werden: Dieses Haus wieder könnte, um der Weite und Durchsichtigkeit des blauen Himmels gerecht zu werden, aus durchsichtigen Fenstern bestehen, die – auch um der vertrauten Bezeichnung willen – an Flügel erinnern, ja, dieses Haus könnte sehr geräumig sein und sich zu einer blauen Kuppel wölben und so weiter und so fort.

Und irgendwie oder irgendwo oder irgendwann sollte dieses Gedicht, da es doch seine Sphären, ihre Gegenwarten und Gegenstände, aneinander entfalten will, uns auch daran erinnern, dass es mit seinem Anfangswort *Aber*, mit der Buchstabenfolge *A, B* den Anfang des Alphabets zeigt: Denn da nun schon der Himmel als blaue Kuppel eines Glückszustandes und der blaue Glückszustand ein Himmel oder ein sehr geräumiges Haus sein kann – so dass der Himmel und seine Bläue nicht allein den Sinnen gegeben sein kann, jedoch auch der Glückszustand nicht mehr allein als ein innerer Gegenstand –, so könnte jene, jetzt nur mehr lose Verknüpfung mit den Sinnen auf die Buchstaben übertragen werden; sie sind jetzt vielleicht nicht mehr nur Anfangsbuchstaben, schwarz auf weiss auf dem Blatt, sondern auch anfängliche Buchstaben, ja der buchstäbliche Anfang, und sie müssten dann ebenso wenig identisch sein mit ihren für die Sinne wahrnehmbaren Formen auf dem Papier wie der blaue Himmel oder die Erinnerung an ihn oder die Vorstellung von ihm.

Eben diese Sphäre der Erinnerungen oder der Vorstellungen oder auch der Ahnungen könnte sich ihrerseits – durch die Grenzenlosigkeit der blauen Himmelskuppel, die ein Glückszustand, des Glückszustandes, der ein blaues Himmelshaus ist – auf weitere oder fernere Sphären übertragen lassen, die selbst aus zahllosen verschwebenden Gegenwarten und Gegenständen bestehen, nur um sich dann, irgendwo oder irgendwann in dem Gedicht, in einer Laut- oder Buchstabenfolge oder in einem Rhythmus, in etwas sinnlich Wahrnehmbarem oder aber auch in der Mehrdeutigkeit oder Vielbegrifflichkeit eines Wortes oder eines Satzes zu verkörpern.

Ein vielfältiges, ja ein vieldimensionales und unendlich sich fortführendes Wechselspiel könnte so stattfinden, in dem eine Reihe von Merkmalen sternbildlich zusammenfinden oder sich auch ausbreiten, sich ihrerseits übertragen und etwa simultan mehrere ineinander verschränkte Vorstellungen hervorrufen oder entdecken lassen. Vielleicht also schafft oder nützt das Gedicht die Gelegenheit, die noch verborgenen, kaum unterschiedenen, noch wie eingerollten Sphären, ihre Gegenwarten und Gegenstände auseinander zu entfalten, ihre noch nicht oder nur als ferne Ahnung erfahrene Ordnung herauszustellen.

*

Aber der Himmel ist blau, und: *Da steht ein Haus.* Doch wie viel Glück muss ein Gedicht oder sein Lesen haben, um tatsächlich gerade die Übertragungen zu finden, die himmelweit und ins Blaue reichen oder bis ins sternbildliche Dach jenes Himmelshauses; wie viel Glück auch muss ein Gedicht oder sein Lesen haben, um den blauen Himmel als Gefühls-, als Glückszustand erfahren zu lassen oder einen Gefühls- oder Glückszustand als blauen Himmel, als blaues Himmelshaus, ja, um überhaupt den Ähnlichkeiten und Unterschieden innerhalb der Sphären und zwischen ihnen und damit all den Gegenständen und Gegenwarten gerecht zu werden! Denn die ansonsten einander fremden oder willkürlich eingerollten Sphären sollen einander doch entfalten, ineinanderspielen, einander erhellend auf die bestmögliche Weise einleuchten. Nach und nach soll in einem solchen Gedicht alles seinen bestmöglichen Platz und Zusammenhang finden: die Konstellation, die Ordnung, die ihm zukommt, wenn die Dinge und ihre Sphären und Gegenwarten so liegen, wie sie eigentlich liegen oder liegen sollten. Als ob einem solchen Gedicht – Buchstabe oder Laut für Substantiv, Substantiv für ein Haus, ein Haus für Vorstellung oder Erinnerung, Vorstellung oder Erinnerung für den blauen Himmel selbst – die Ahnung der Erfahrung des Zusammenklangs oder der Zusammenschau aller dieser Sphären, Gegenwarten und Gegenstandsarten zugrunde läge; als ob in einem solchen Gedicht alles aufeinander einwirken wollte, nach einem Gesetz oder nach Regeln, die sich auf der Suche nach jener sphärensingenden, sich ständig wandelnden Ordnung herausstellen könnten; einer Ordnung, die aus jenem Austausch, jener Übertragung der Merkmale von Unterschieden und von Ähnlichkeiten besteht, in ihrer wechselseitigen Steigerung, ihrer Läuterung geschieht; oder auch in wechselseitigem, aber sich selbst erkennendem Hasszustand, in sich selbst erfassender Verschmutzung, Verfinsterung, Umnachtung oder entropischen Gleichgültigkeit. Denn aus dem Himmel, der so glücklich blau ist und so über die Maßen sternbildsam bedacht und häuslich, soll eben dieses Gedicht auch so fallen können, dass es sich und damit auch uns selbst im Augenblick des Sturzes erkennen lässt.

POESIE,
NACH MONSIEUR TESTE

Im Geiste, vielleicht, von Paul Valérys *Monsieur Teste*, diesem übermensch-
lich anspruchsvollen Selbsterforscher, eine Art Gedankenexperiment:

Welchen Bedingungen müsste ein Gedicht für jemanden genügen, der
seiner selbst in einem Gedicht mächtig zu sein suchte, oder, sagen wir (um
dem Luciferischen an Monsieur Teste nicht allzu sehr nachzugeben): der
sich selbst in Gedichtform zu durchdringen suchte?

Valéry:

> Der Dichter sucht ein Wort, welches sei:
> weiblich
> aus zwei Silben
> p oder f beinhaltend
> beendet mit einem stummen Buchstaben
> synonym mit BRUCH, TRENNUNG DER BESTANDTEILE,
> nicht wissenschaftlich, nicht selten –
> Mindestens sechs Bedingungen … Syntax, Musik, Regeln des Verses, Sinn
> und Takt.

Eine schwierige Suche? Zweifellos. Für einen nach schrankenloser Selbst-
durchdringung Strebenden jedoch eine starke Vereinfachung.

Denn Valérys Bedingungen sind vor allem durch Elemente sprachlicher
und sprachbestimmter Dimensionen erfüllt: zum einen durch bestimmte
Laute, Buchstaben und Silben ebenso wie durch einen bestimmten Rhy-
htmus und ein bestimmtes Metrum (*Musik, Regeln des Verses*) wie auch
durch bestimmte grammatikalische Merkmale (*Syntax*); und zum ande-
ren auch durch bestimmte Begriffe (*synonym mit*), durch Elemente einer
Dimension also, die, wenn man sie auch nicht zur Sprache rechnen muss,
doch zumeist durch sprachliche Ausdrücke gegeben ist. Allerdings ist auch
von der Bedingung *Takt* die Rede. Wenn damit nicht wiederum etwas Vers-
musikalisches gemeint ist, dann wohl etwas, das eine Werterfahrung des
Dichters bezeichnet; Takt in diesem Sinne wäre eine für die Dichtung aus-
serordentlich wichtige, aber auch vage Bedingung.

Mit jenen sprachlichen und stark sprachbestimmten Dimensionen allein
könnte sich jener über die Maßen anspruchsvolle Geist keineswegs be-
gnügen. Denn es gibt ja noch Anderes, das Monsieur Teste, um sich selbst
durchdringen zu können, in seine Suche einzuschliessen hätte: Etwa das,
was wir – so unterschiedlich die Dinge auch sein mögen, die zu dieser Kate-
gorie gehören – zusammenfassend *psychische Zustände* nennen: Gedanken,
Vorstellungen, Erinnerungen, sinnliche Wahrnehmungen usw. Wenn Teste
sich selbst in Gedichtform zu durchdringen sucht, dann müssen auch diese

Dimensionen zum Gedicht gehören, da sie doch auch Dimensionen seiner selbst sind. Aber selbst das würde noch nicht hinreichen: Teste müsste auch seine und seiner Rede Beziehungen zu jenen Dimensionen von Dingen erfassen, die, wie es scheint, ausserhalb seiner selbst liegen und auf die er in dem Gedicht Bezug nimmt – zu Menschen, Bäumen, gesellschaftlichen Verhältnissen, historischen Ereignissen beispielsweise, vielleicht auch zu abstrakten Gegenständen wie die Schönheit, wie Tugenden oder Zahlen. Denn wie sollte man sich selbst durchdringen wollen, ohne die Beziehungen zu Dingen ausserhalb von sich selbst einzuschliessen?

Monsieur Teste müsste also sehr hohe, ja, höchste Anforderungen an ein Gedicht stellen. Er hätte alle wesentlichen Dimensionen, die im Umgang mit einem Gedicht *und* im Umgang mit ihm selbst gegeben sein können, in seine Suche einzuschliessen. Denn nur dann könnte er hoffen, sich nicht nur – in Abwandlung eines berühmten Paulus-Wortes – in einem dunklen Spiegel, sondern von Angesicht zu Angesicht zu sehen.

*

Die Bedingungen einer Selbstdurchdringung in Form eines Gedichts sind das eine. Wenn sie nun erfüllt würden: Welche Merkmale könnte dann die *Erfahrung* jener Teste'schen Selbstdurchdringung haben? Da ich eine solche Erfahrung höchstens ahnen kann und hier vor allem als Gedankenexperiment darlege, muss mein Bild davon wohl dunkel sein: Erst jene Selbstdurchringung selbst, fände sie tatsächlich statt, könnte ja mein Bild erhellen – oder ein anderes verlangen.

Ich stelle mir vor, dass jene gedichtgemäße Selbstdurchdringung oder selbstgemäße Gedichtdurchdringung durch zwei Extreme zu gehen hat: In dem einen Extrem werden jene Dimensionen als, sagen wir, ungeteiltes Ganzes erfahren. Monsieur Teste also liest ein Gedicht und in diesem beispielsweise *Baum* – und alle erwähnten Dimensionen sind ihm darin als ungeteilte gegeben: Buchstaben, Laute, eine Silbe, das Wort selbst, aber auch die grammatikalische Dimension des Substantivs, ebenso jene des Begriffs und in ihm weitere Begriffe und damit auch etwas, das ich hier *Sinn-Postulate* nennen will: beispielsweise die stillschweigende Annahme, dass alle Bäume Pflanzen sind, Äste haben und Wurzeln, dass ein Baum kein Tier ist usw.; dann auch Konnotationen, die mit dem Wort *Baum* verbunden werden: etwa, dass das Wort *Baum* häufig in Naturgedichten vorkommt oder in einem bestimmten Gedicht von Brecht usw. Auch sind für Teste, ungetrennt davon, Vorstellungen, Erinnerungen und sinnliche Wahrnehmungen gegeben, allgemeiner: psychische Zustände, und endlich auch die Gegenstände und/ oder Gegenstandsdimensionen, auf die sich das Prädikat *Baum* bezieht. In diesem Sinn also erfährt Teste im Gedicht *Baum* und damit auch sich selbst als ungeteiltes Ganzes. Er vermag, die unterschiedlichen Dimensionen und damit auch sich selbst zu einer ungeteilten Einheit zusammenzuziehen. Die Vieldimensionalität von *Baum* wie auch seiner selbst ist ihm, wie man sagen kann, potentiell geworden.

Und ist eben dies nicht überhaupt eine Funktion der Form von Gedichten? Dass sie uns wenigstens einiges von dem, was sonst geteilt wäre, als Ungeteiltes zu erfahren gibt? Zeigt sich das nicht auch in der zumeist selbstverständlichen und unreflektierten Rede davon, dass Form und Inhalt eines literarischen Textes übereinzustimmen, ja eines zu sein haben?

Und wie ist es denn, wenn wir selbst lesen, die wir so wenig Monsieur Teste sind? – Wir lesen, und da ist immerhin manches ungeteilt gegeben, und wir müssen erst Unterscheidungen *machen*, um etwa von uns selbst das Wort *Baum* und von dem Wort die Folge von Buchstaben oder Lauten zu unterscheiden, aus denen es besteht; oder um den Begriff des Baums von dem Wort zu trennen und von diesem Vorstellungen, Gefühle und sinnliche Wahrnehmungen zu unterscheiden, und endlich auch alle diese Dinge von dem, worauf wir das Prädikat *Baum* in dem Gedicht beziehen, zum Beispiel also von den Bäumen selbst. Doch auch wenn wir manchmal so lesen, sind wir noch lange nicht Teste.

Vielmehr müssten wir ganz im Gegenteil dann als Testes leibhafte Antithese eingestehen: Je weniger wir beim Lesen unterscheiden, umso mehr ist Dummheit unsere Stärke, ja, und auch Dunkelheit. Ob wir nicht auch deshalb so gerne lesen, weil wir uns dabei so dumm stellen oder dunkel werden dürfen? Emphatisches und überschwängliches Lesen von Poesie, wunderbares und kindliches (und oft auch kindisches) ozeanisches Versunkensein im Ununterschiedenen,

Was unterscheidet also unsere, vergleichsweise triviale Erfahrung eines Ungeteilten von jener Monsieur Testes, die doch ein Extrem seiner höchst anspruchsvollen Selbst- und Gedichtdurchdringung sein soll?

*

Kein Versuch einer Antwort zunächst auf diese Frage, sondern vorerst das andere Extrem jener Erfahrung der Selbstdurchdringung, wie ich sie Monsieur Teste zumute: Er liest *Baum* in einem Gedicht, doch nicht nur *Baum*, sondern er scheidet die erwähnten Dimensionen auch voneinander: Er löst beispielsweise die Buchstaben von den Lauten, die Laute und Buchstaben von der Silbe, diese trennt er von dem Wort, das er wiederum von seinen grammatikalischen Funktionen löst, etwa von jenen in einem Satz, den er wiederum als etwas anderes erfasst als seine Komponenten; und von all diesen Dimensionen unterscheidet er den Begriff des Baums (und dabei auch die Sinn-Postulate und Konnotationen, die mit dem Wort *Baum* verbunden werden) und von jenem Begriff seine Vorstellungen und Erinnerungen – allgemeiner: psychische Zustände (die er selbst wiederum voneinander unterscheidet) – und endlich von all dem die Dimension von Dingen, die ausserhalb seiner selbst zu liegen scheinen und auf die sich etwa das Prädikat *Baum* bezieht.

Teste konstruiert also *Baum* als in vielerlei Hinsicht geteiltes Ganzes in Bezug auf jene unterschiedlichen Dimensionen; er konstruiert womöglich auch die wechselseitige Arbitrarität der Dimensionen; etwa im Sinne von Mallarmés *l'absence de toute rose* oder von Magrittes *Das ist keine Pfeife*. Intelligenz ist dann nicht gerade Testes Schwäche, sondern ganz im Gegenteil.

Und ist nicht eben dies auch die andere Funktion von Form – dass sie uns wenigstens einiges von dem, was sonst als ungeteilt erschiene, als Geteiltes erfahren lässt?

Und zeigt sich diese Funktion von Form nicht auch in der selbstverständlichen und zumeist unreflektierten Rede über Form und Inhalt als Getrenntes, und auch darin, dass häufig von der Spannung, dem Gegensatz usw. zwischen Form und Inhalt die Rede ist? Zeigt sich das beispielsweise nicht auch in der Rede von der sogenannten *Musikalität* von Gedichten, die etwa den Dimensionen Grammatik, Bedeutung und Gegenstandsbezug entgegengesetzt sei? Und sind es nicht gerade auch manche modernistische Poetiken und Philosophien, die darauf bestehen, dass zwischen den Dimensionen nicht-sprachlicher Dinge und jenen von sprachlichen Dingen ein unüberbrückbarer Abgrund besteht und ein Gedicht eben dies auch zu bezeugen habe?

Und wie ist es denn, wenn wir lesen, die wir kaum Monsieur Teste sind? Da ist es doch manchmal tatsächlich einigermaßen so: Beim Lesen eines Gedichts (eher als etwa bei einem in geläufiger Sprache verfassten Roman) mag es geschehen, dass uns *Baum* (vielleicht wie einst Lord Chandos' modrige Pilze) zerfällt – und in unterschiedliche und wie unverbundene Teile, die ihrerseits Elemente all der erwähnten Dimensionen sind. Können wir aber, wenn wir uns so sehr als Unterscheidende (und damit auch als Unterschiedene) finden, mit Teste behaupten, Intelligenz sei unsere Stärke? Sofern Unterscheiden per se Intelligenz impliziert allerdings; angesichts Testes Anspruch auf gedichtgemäße Selbstdurchdringung jedoch reicht diese Intelligenz nicht aus. Wenn wir vor lauter Unterschiedenem nicht mehr das Ungeteilte erfahren, würden wir uns gerade insofern an der Teste'schen Selbst- wie auch an der Gedichtdurchdringung hindern. Ob übrigens nicht so viele von uns gar nicht gerne Gedichte lesen, weil wir, bedingt durch ihre ungewohnte und erschwerte Sprache, uns dazu aufgerufen fühlen, jene Dimensionen und ihre Elemente so sehr auseinanderzuhalten, dass wir uns und das Gedicht nicht mehr als Ungeteiltes erfahren können? Was unterscheidet also unsere triviale Erfahrung des Geteilten von jener Testes, die doch ein Extrem seiner höchst anspruchsvollen Selbst- und Gedichtdurchdringung sein soll?

*

Bevor ich auch diese zweite Frage zu beantworten versuche, sei das Bild jener Teste'schen Gedicht- und Selbsterfahrung vervollständigt. Dabei bin ich mir – selbst so wenig Monsieur Teste – dieses Bildes keineswegs sicher. Ich ahne oder vermute also nur, dass jene Erfahrung der Extreme allein nicht die ganze Selbst- und Gedichtdurchdringung wäre, sondern diese auch wesentlich zwischen den Extremen läge: in dem Erfassen des Prozesses der Vereinigung und Trennung der Dimensionen und ihrer Elemente, ihrer wechselseitigen Annäherung und Zerstreuung, in gleichsetzender Übertragung aufeinander und ihrem entzweienden Unterscheiden.

Monsieur Teste würde also den ganzen Prozess vollziehen: von jenem Zusammenfinden aller Dinge und Dimensionen des Gedichts zu einer Einheit, die die geballte Kraft aller für das Gedicht und für ihn selbst relevanten Unterscheidungen enthält, bis zu den unterschiedlichen und wie unendlich differenzierbaren Stadien und Modi ihrer Entfaltung, ja bis zur völligen Zerstreutheit aller Dimensionen und ihrer Elemente, von denen dennoch jedes durch zahllose Abwandlungen, Stadien und Modi wiederum zu jener ungeteilten Einheit zurückfinden liesse.

Und Form wäre für Teste dann nicht nur das, was ansonsten Geteiltes als Ungeteiltes und ansonsten Ungeteiltes als Geteiltes erfahren lässt; Form ist ihm dann wohl vor allem die Kraft, die trennt und vereinigt, die Unterschiede und Ununterschiedenes herstellen und erkennen lässt. Form ist also – in Testes Selbstdichtung und erdichtetem Selbst – etwas Dynamisches.

Dieses Bild nun erlaubt vielleicht auch eine Art Antwort auf die beiden oben gestellten Fragen. Was also unterscheidet unsere, vergleichsweise tri-

viale, Erfahrung des Ungeteilten von der gedicht- und selbstdurchdringen-
den Monsieur Testes? Und was unsere ebenso trivale Erfahrung des Geteil-
ten von den Erfahrungen Monsieur Testes?

Weniger die Unfähigkeit, im notwendigen Maß durch jene beiden Extre-
me zu gehen, sondern vor allem die Unfähigkeit, jene Ungeteiltheit wie jene
Geteiltheit in hohem Maß zu erfahren, sie aber dennoch als Momente jenes
Prozesses zu erfassen, der zu ihnen hin- oder von ihnen wegführt. Was uns
von Teste unterscheidet, wäre also unsere vergleichsweise geringe Fähigkeit,
jene beiden Extreme einander zu vermitteln. Das eine Extrem des Unge-
teilten macht uns dumm oder dunkel für uns selbst, das andere, jenes des
Geteilten, vielleicht in eingeschränktem, aber jedenfalls nach Teste'schem
Maßstab trivialem Sinn intelligent; und das, was zwischen den Extremen
liegt, bleibt für uns, wörtlich verstanden, nur *stückweis* gegeben, da wir es
nicht hinreichend als Momente eines uns erhellenden Prozesses erfahren
können, das von den beiden Extremen weg- oder zu ihnen hinführt.

FALTEN UND FALLEN

Zu Durs Grünbeins Gedichtband

1

Dass sich jeder Schriftsteller, der den Anspruch erhebt, Literatur hervorzubringen, mitten in der Geschichte der Literatur wiederfindet und sich damit, ob er nun davon weiss oder nicht, dieser Geschichte sowohl zu bemächtigen als auch zu unterwerfen hat, ist mit dem Begriff der Literatur mitgegeben. Die Qualität einer Literatur zeigt sich wesentlich darin, ob und wenn ja, in welcher Weise sich in ihr jener Geschichte bemächtigt oder unterworfen wird.

Nicht nur die Geschichte ist, wie James Joyce will, ein Alptraum, aus dem wir zu erwachen suchen, sondern auch die Literaturgeschichte. Und dieses Erwachen, das ein Bewältigen bedeuten soll, kann nur in einer Literatur geschehen, die ihre eigene Geschichte so umfasst, dass sie diese auch hervorrufen könnte. Und das eben dadurch, dass jene Bemächtigung und jene Unterwerfung miteinander auf *ein* Spiel gesetzt werden, auf dem alles steht, was Literatur in einem bestimmten literaturgeschichtlichen Augenblick sein kann.

Selbstverständlich reichen die meisten jener Bemächtigungen oder Unterwerfungen weder weit noch tief genug. Das kann für verschiedene literaturgeschichtliche Momente Verschiedenes bedeuten. Ist es einmal, etwa im Zusammenhang von Aufbruchsstimmungen (wie sie sich zum Beispiel im frühen Expressionismus oder im Dadaismus zeigen), eine bedenkenlose oder gewalttätige (und insofern oberflächliche) Bemächtigung, so ist es in anderen, sagen wir restaurativen Momenten eine unbedachte und widerstandslose Unterwerfung unter bestimmte, als ein für alle Male vorhanden gedachte Eigenschaften der Literatur, eine Unterwerfung, die wiederum die Züge von (allerdings unwillkürlich exorzierter) Gewalttätigkeit gegen die eigentümliche und nicht reduzierbare Qualität jenes literaturgeschichtlichen Moments enthält, in dem man sich gerade selbst befindet.

Diese Charakteristik ist idealtypisch und bezeichnet die beiden Extreme. Der Normalfall besteht in ihrer einigermassen heillosen Vermengung, in halbherzigen und inkonsequenten Explorationen in Richtung sowohl des einen als auch des anderen Extrems, deren Resultante jenes Grau in Grau malt, das nicht das der Abstraktion oder Reflexion ist, sondern das eines ubiquitären Durchschnitts, aus dem wahrscheinlich die Literatur jedes Zeitalters vor allem besteht.

*

Dass die Vorstellungen, die man von einem literaturgeschichtlichen Moment hat, in welch geringem Ausmaß auch immer, diesen Moment mitformen, macht jeden Befund über einen solchen Moment, wenn nicht selbst zweifelhaft, so doch seine sprachliche Darstellung, und das gilt umso mehr, wenn die Vorstellung sich auf den augenblicklichen Stand literaturgeschichtlicher Dinge beziehen soll. Solche Befunde sind Teil dieses Standes und schon insofern selbst Literatur. Sie haben damit den Wert eines Bildes, das zu dem, was es sagen will, bestenfalls in einer fruchtbaren, erhellenden, nämlich übertragbaren Beziehung steht. Wie sehr aber eine solche Übertragung einleuchtet, das hängt von Dingen ab, die eben nicht allein an der sprachlichen Darstellung jenes Befunds aufweisbar sind.

Dieser Schuss vor den eigenen Bug und vielleicht auch vor den Bug des Lesers soll nicht die Verbindlichkeit des Befundes selbst in Frage stellen (denn der Anspruch auf diese Verbindlichkeit ist Voraussetzung des Unternehmens *Literaturkritik*), sondern auf das fragwürdige, nämlich bildhaft-rhetorische Verhältnis zwischen ihm und seiner Darstellung.

Ich befinde also: Heute, in einem vielleicht vor allem restaurativen Moment, besteht eine der charakteristischen Weisen jener halbherzigen und auch heillosen Vermischung der Extreme darin, die Traditionen des jeweiligen Schreibens auf bestimmte Verfahren, bestimmte Formen des Sprachgebrauchs zu reduzieren. Diese verkürzende und vereinfachende Form, sich der Literaturgeschichte zu bemächtigen, enthält aber auch eine unwillkürliche Unterwerfung unter sie, eine Unterwerfung, die nahelegt, dass die Literaturgeschichte im Grossen und Ganzen abgeschlossen sei.

Ein solches Schreiben tut einerseits so, als könnte man diese Verfahren aus den ihnen eigenen, inner- und ausserliterarischen Zusammenhängen extrahieren und ohne weiteres für sich nutzbar machen. Es versucht nicht ernstlich, sich die Konsequenzen eines solchen Gebrauchs unter den eigenen (auch den eigenen literarhistorischen) Umständen klarzumachen. Andererseits unterwirft sich ein solches Schreiben damit selbstverständlich dem Vertrauten eines bestimmten, traditionellen Begriffs des Poetischen, ohne den Wert dieses Vertrauens als Wert, den es selbst *setzt*, in den Blick zu bekommen.

2

In seinem Gedichtband *Falten und Fallen* gebraucht Durs Grünbein eine ganze Reihe traditioneller Verfahren in dem skizzierten Sinn.

Ein althergebrachtes und wohl jedermann bekanntes Verfahren (und es ist so heruntergekommen, dass man Anfänger vor ihm warnt) besteht darin, ein Wort, das etwas sinnlich Wahrnehmbares bezeichnet, mit Hilfe eines Genitivs (*Genitivus explicativus*) mit etwas metaphorisch gleichzusetzen, das normalerweise nichts sinnlich Wahrnehmbares bezeichnet. So ist in einem von Grünbeins Gedichten von den *Masken des Wissens* die Rede, das Wissen, etwas, das man nicht sinnlich wahrnehmen kann, soll eine Maske sein, also etwas, das man sehr wohl sinnlich wahrnehmen kann.

In dem Gedichtband findet man auch das *Hirngewölbe des Jahrhunderts*, den *Panzer der Sprache*, das *Zischeln der Polytheismen*, die *Inseln der Philharmonie*, den *Schatten des Eigenen*, das *Gefälle der Jahre*, das *Wühlen der Erinnerung*, die *Tiefen der Zeit*; man findet einen *Novizen der Melancholie*, das *Arkadien des Unbewussten*, den *Drachen der Industrie*, den *Glamour des Verborgnen* usw., usw.

Ganz ähnlich funktionieren bei Grünbein metaphorische Formeln wie *Pizza aus Stunden*, *Spur von Vergessen*, *Wald aus Begierden*, *Wolken von Hysterie*, *Flora von Allusionen*, die man in Genitiv-Metaphern des skizzierten Typus verwandeln könnte, ohne ihren Sinn wesentlich zu verändern.

Jene metaphorische Übertragung von sinnlich Wahrnehmbarem auf nicht sinnlich Wahrnehmbares findet sich in Grünbeins Gedichtband auch in anderen grammatikalischen Formen, besonders häufig dann, wenn von der Zeit die Rede ist: da ist etwas *zeitkrank*, da gibt es eine *Zeit, die in die innersten Höhlen geritzt* ist, da *fließt Zeit ab*, da ist *Zeit mit Händen zu greifen*, und da ist *Zeit ins Gedächtnis geätzt*. Aber auch von *gebunkertem Denken*, von *verrosteter Illusion* ist die Rede, von einem *Echolot ins Verborgene* und davon, dass die *Reduktion im Zähneknirschen steckt*.

Das Gedicht, in dem die Formel *Masken des Wissens* vorkommt, spricht auch von *zynischen Uhren*: Eine Eigenschaft, die man normalerweise nur Menschen zuspricht, wird auf leblose Dinge übertragen. Auch diese poetische Technik des Anthropomorphisierens ist althergebracht und wohlbekannt, und auch für sie finden sich in Grünbeins Buch zahlreiche Beispiele: da *bricht den Mauern der Schweiß aus*; da ist ein *Röcheln im Ausguss*, da gibt es *raunende Koffer*, ein *armes Klavier*, die *Umarmung der Erde* oder eine *Vase*, die sich *ausschweigt*; da wird von der *Sicht des Stuhlbeins* geschrieben oder davon, *was den Möbeln die Wette gilt*; da *erzählt auf dem*

Bügel die Hose etwas, da legen die *Eingeweide* ein *Veto ein,* da gibt es eine *Tautologie,* die in ihr *Vielfaches «wie gesagt …» verliebt* ist, ein *Datum, das einen anglotzt* und einen *Mond, der die Erde ironisiert.*

Manchmal wachsen sich die Metaphern von Grünbeins Gedichten gar ins Allegorische aus, nämlich dann, wenn es menschliche Eigenschaften oder Zustände sind, die sich selbständig machen. Da gibt es dann *dein Lächeln, das mich einfing,* da *stieg Gewalt aus brütenden Schächten,* und da kann *dein Erschrecken* auch *die Strassenseite wechseln,* womöglich damit der *Schmerz* wo *unterkriechen kann,* vielleicht dort, wo es *Blicke* gibt, die *anhänglich wurden.*

Ich halte fest: auf der Ebene begrifflicher, speziell: metaphorischer, Operationen wird in Grünbeins Gedichten eine bestimmte, althergebrachte poetische Maschinerie in Anspruch genommen.

Doch nirgends lässt sich in den Texten auch nur die Spur eines Hinweises dafür finden, dass der literaturgeschichtliche Ort dieser Maschinerie mitbedacht wird. Diese Maschinerie wird so verwendet, als hätten die letzten hundert Jahre der Geschichte der Lyrik die Möglichkeiten ihrer Funktion bzw. ihren Wert nicht wesentlich verändert; so zum Beispiel, als ob man in Gedichten ohne weiteres eine fundamentale Ebene wörtlichen, nicht-übertragenen Sprechens behaupten könnte, von der sich dann eine zweite Ebene aus punktuellen Übertragungen als sekundäre selbstverständlich unterscheiden lässt. Grünbein operiert also mit Metaphern so, dass die gewohnte Vorstellung davon, welche Ausdrücke metaphorisch gebraucht werden und welche wörtlich, überhaupt nicht angetastet wird. Und damit auf einer fundamentalen Ebene, nämlich auf der Ebene seines Sprachgebrauchs, auch nicht die gewohnte Vorstellung davon, was als Wirklichkeit vorausgesetzt werden kann. (Ich komme darauf zurück.)

Grünbein tut also so, als ob man mit ähnlicher Wirksamkeit und Überzeugungskraft wie etwa Goethe in seinem berühmten Gedicht *Willkommen und Abschied* ohne weiteres voraussetzen könnte, dass die *hundert schwarzen Augen,* mit denen *die Finsternis aus dem Gesträuche sah,* vor dem Hintergrund der wörtlich zu verstehenden Schilderung eines Geschehens eine *Metapher* für irgendetwas anderes seien, in diesem Fall vielleicht dafür, dass das übervolle Herz eines Liebenden sich so anders anfühlt als die nächtliche Natur, durch die er auf dem Weg zu seiner Geliebten reitet, oder eben zugleich vielleicht doch wiederum ganz ähnlich.

Kann man aber mit ästhetischem Recht in diesem Punkt so verfahren, als ob (um mich auf die deutschsprachige Literatur zu beschränken) weder

Trakl oder George, noch Arp oder Schwitters geschrieben hätten, ohne auch die avantgardistischen oder modernistischen Arbeiten der letzten dreissig Jahren verarbeitet zu haben? Kann man mit ästhetischem Recht so schreiben, dass eine *der* Fragen lyrischen Schreibens der letzten hundert Jahre kaum eine Spur hinterlässt?

(Ich behaupte übrigens nicht, dass man Genitiv-Metaphern der zitierten Form oder Metaphern, die Dinge, die nicht wahrnehmbar sind, anschaulich machen sollen, und dass man anthropomorphisierende Vergleiche oder Allegorien überhaupt nicht gebrauchen *kann*. Nur so wie sie Grünbein in diesem Gedichtband gebraucht, sollte man sie nicht gebrauchen. Gerade die Tatsache, dass etwa die Genitiv-Metapher ein so klischeehaftes poetisches Mittel ist, könnte als Herausforderung dazu verstanden werden, ihren Gebrauch dennoch ästhetisch überzeugend zu machen, ihren Gebrauch zu bewältigen. Dass und wie das möglich ist, zeigen zum Beispiel Dieter Roths Gedichte.)

3

Ein Schriftsteller, der die Extreme seiner Bemächtigung der Literaturgeschichte und der Unterwerfung unter sie in einer Weise vermischt, die vor allem das Reden jener Geister verstärkt, die heute besonders vernehmlich in der Luft liegen und für eine bezeichnende Atmosphäre sorgen, der ist nicht nur dazu verurteilt, bestimmte althergebrachte Traditionen der jeweiligen literarischen Gattung, auf bestimmte Verfahren oder Formen des Sprachgebrauchs zu reduzieren und damit das Vertraute eines bestimmten Begriffs des Poetischen blindlings in Anspruch zu nehmen. Sondern ein solcher Schriftsteller hat auch, wie er, allen restaurativen Tendenzen zum Trotz, oft zu hören bekommt oder zu verstehen gibt, *auf der Höhe der Zeit zu sein.* Wenn er auch vielleicht nicht gerade Traditionen zu stiften hat, so haben sich in seiner Literatur doch auch diejenigen Verfahren zu zeigen, die erst seit vergleichsweise kurzer Zeit existieren, die in diesem Sinn des Wortes *modern* oder *zeitgenössisch* sind.

Da Grünbein nun seine traditionelle, rhetorische Maschinerie nicht hinreichend als solche begreifen kann und also auch ihren Wert bzw. ihre Wirkung nicht nüchtern einzuschätzen vermag, da ihm die Möglichkeit so fern liegt, sie als Zeichen des Vergangenen oder als Zeichen eines zum Trivialen Heruntergekommenen, jedenfalls also im Zeichen ihrer Distanz zu verstehen, kann er sie auch nicht anderen, sagen wir, *modernen* oder *zeitgemäßen* Maschinerien wirksam entgegensetzen, kann er den Kampf zwischen verschiedenen, womöglich widerstrebenden Kräften oder Tendenzen nicht aufnehmen. Und also bleibt ihm vielleicht tatsächlich nichts anderes übrig, als jene traditionelle, rhetorische Maschinerie zu tarnen oder zu verstecken.

In Grünbeins Gedichten besteht ein wesentliches Moment dieses Tarnens oder Versteckens darin, dass viele von ihnen mit Wörtern versetzt sind, die zeitgenössische Alltäglichkeit konnotieren lassen: *Kofferraum, der Lackglanz von Kühlerhauben, Schweinwerferlicht, Elektronik, Abgas, Sauna, Baggerseen, Rostige Rohre, Bulldozer, Abfangjäger* usw., usw.

Das ein oder andere Mal geht Grünbein noch einen Schritt weiter, um seine Gedichte ihrer Zeitgenossenschaft zu versichern. Er gebraucht dann Wörter, die nicht nur tatsächlich auf die letzten Jahre oder Jahrfünfte datierbar sind, sondern auch aus der Umgangssprache stammen, aus subkulturellen Jargons oder der Sprache der Medien: *Dauer-High, Quickie, Zoff, the bungee jump, CDs, Psychokomfort* usw.

So verbinden sich die Metapher, die als Pars pro Toto für jene vertraute poetische Maschinerie steht und als solche nicht angetastet wird, weil der übliche Sprachgebrauch für die Wirklichkeit selbst steht, und die sogenannte moderne Lebenswelt – in der Literatur kann das nur heissen: eine bestimmte *Kulisse* – zu Sätzen, die nur noch des Reimes bedürften, um aus einem Schlager zu stammen:

> Und immer das Warten auf den Transport
>   Zwischen den Orten, wo Ankunft
> Ein Portal ist im Regen, ein weißer Flugplatz
>   Der sofort Abschied meint: [...]

Ankunft ist *ein Portal im Regen* und der *weiße Flugplatz meint Abschied.* Oder, noch näher zu allzu bekannter Schlager- oder Chanson-Sentimentalität, das schon zitierte: *Der Mond ironisiert schweigend die Erde, ein gelber Clown ...* (Und wäre das nicht tatsächlich das brauchbare Element einer Definition von Schlagertexten: traditionelle poetische Verfahren werden aus ihrer Geschichte bzw. ihrem Kontext extrahiert und in den Kulissen zeitgenössischer Lebenswelt verborgen, die für die Wirklichkeit selbst genommen werden?)

Genauso unreflektiert wie sich Grünbein auf das Gefühl der Vertrautheit verlässt, das durch jene traditionelle poetische Maschinerie hervorgerufen wird, verlässt er sich nicht nur darauf, dass die Wörter, die er dazu benützt, um das, was er als zeitgenössische Realität voraussetzt, zu bezeichnen, Zeitgenossenschaft oder Modernität garantieren, sondern auch darauf, dass diese Wörter tatsächlich jene vorausgesetzte Realität so, wie sie angeblich ist, *erfahren* lassen. Und dieser Mangel an Reflexion, dieses blinde Vertrauen ist ja auch nur konsequent: Der Glaube an die Möglichkeit einer selbstverständlichen Unterscheidung zwischen wörtlicher und übertragener Rede zieht den Glauben an die Möglichkeit nach sich, dass die nach alltäglichem Maßstab wörtliche Rede über zeitgenössische Realität oder Wirklichkeit diese tatsächlich erfahren lässt. So als ob die Tatsache, dass die Sprache literarisch gebraucht wird, schon von selbst garantieren könnte, dass das, was in diesen Gedichten gesagt wird, in ihnen auch getan wird. Wenn an dem Aphorismus etwas Wahres ist, dass nicht nur die Geschichte ein Alptraum ist, aus dem wir zu erwachen suchen, sondern auch die Literaturgeschichte, dann ist die selbstverständliche Unterscheidung zwischen wörtlicher und übertragener Rede im Zusammenhang mit dem Glauben daran, die Tatsache, dass Sprache beansprucht, literarisch gebraucht zu werden, enthalte schon, dass das wörtlich Benannte auch erfahren wird, die beste Garantie dafür, dass man sein Erwachen hier nur *träumen* kann, dass dieses *Erwachen* nur die Fortsetzung des (Alp)Träumens ist.

4

Doch auch Grünbein weiss, dass das, was er als zeitgenössische Alltäglichkeit voraussetzt und in ihrer Begrifflichkeit nicht zu reflektieren vermag, dazu führen könnte, die Texte, in denen diese Alltäglichkeit als Garant für Modernität oder Zeitgenossenschaft evoziert wird, selbst für alltäglich zu halten: für flach, für vordergründig-realistisch oder oberflächlich-deskriptiv. Und da ihm sowohl sein Gebrauch von Elementen einer traditionellen poetischen Maschinerie unterläuft als auch (und im Zusammenhang damit) sein Begriff von Realität, da er beides nicht hinreichend zu durchdringen versteht, ist er wiederum dazu verurteilt, die Auseinandersetzung mit anderen, widerstrebenden Kräften nicht ernstlich aufnehmen zu können. Ihm bleibt nichts anderes übrig, als dem anscheinend Flachen und vordergründig Realistischen durch einen anderen Aspekt seines Rückgriffs auf traditionelle poetische Verfahren den Anschein von Tiefe und Bedeutsamkeit zu verleihen.

Dieser Aspekt von Grünbeins unreflektiertem Traditionalismus besteht darin, dass er eine überkommene, aber vor allem auch übernommene Gestik bzw. Satz-Rhetorik beansprucht, eine Gestik oder Satz-Rhetorik, in der er bestimmte vergangene Epochen oder auch Schriftsteller anklingen lässt, eine Gestik oder Satz-Rhetorik, die jene Realien von einem Strom des weihevoll Stilisierten getragen erscheinen lässt:

> Sieh, wie oft du zurückzuckst, gespiegelt
>   Im Lackglanz von Kühlerhauben,
> In metallischen Sonnenbrillen, dir selbst
>   Widerfahrend in einer Drehtür,
> [...]

Diese Form der Anrede, mit der eine Reihe seiner Gedichte beginnt, hat etwas Feierliches, Zeremonielles und Distanzierendes, aber zugleich ist sie dennoch eine intime Form der Anrede. Sie ist monologisch, eine Form der Selbst-Anrede, eine Zwiesprache mit sich selbst, und auch einigermassen pathetisch inszenierte Selbstvergewisserung. Bei Grünbein scheint sie, auch dazu dienen zu sollen, bestimmte Erinnerungen zu vergegenwärtigen:

> Mannsdicke Rohre, in die du als Kind dich
>   Im Versteckspiel verkrochst
> [...]

Eine ähnliche Rolle spielt in Grünbeins Gedichten auch die rhetorische Frage, die häufig am Anfang seiner Gedichte steht und ähnlich zeremoniell und feierlich ist wie jene Du-Anrede:

> Wer hätte gedacht, daß es so einfach ist, schließlich?

Oder:

> Wußten wir, was den Reigen in Gang hält?

Während die rhetorischen Auftaktfragen als romantisches, subjektiviertes Echo jener in barocken Gedichten erscheinen mögen (*Was ist die Lust der Welt?* – Hofmann von Hofmannswaldau), lässt eine Aufforderung wie *Sieh, wie oft du zurückzuckst, gespiegelt* überhaupt die halbe Literaturgeschichte anklingen, bis in die jüngere Vergangenheit herauf, bis zu Georges berühmtem Gedichtanfang *Komm in den totgesagten Park und schau*, und noch weiter herauf, bis zu bestimmten Tonfällen der Dichtung der fünfziger Jahre, insbesondere jenen in Gedichten Ingeborg Bachmanns oder Gottfried Benns. (Dessen Einfluss ist noch in manchen anderen Hinsichten fühlbar. Ich komme darauf zurück.)

Am deutlichsten erinnert die Satz-Gestik vieler Gedichte Grünbeins aber an den Ton von Rilkes *Duineser Elegien* (der sich ja seinerseits schon in vielerlei Beziehung Hölderlins Elegien und Hymnen verdankt), etwa an Rilkes

> Ja, die Frühlinge brauchten dich wohl. Es muteten manche
> Sterne dir zu, dass du sie spürtest [...]

Eine ganze Reihe seiner Gedichte wirken geradezu wie ein Palimpsest des Rilke'schen Hymnen- oder Prophetentons. Es ist aber – und das ist der entscheidende Punkt – eine subkutane, unausgetragene Feierlichkeit, gleichsam ein untergründiger *Sound*, der vergeblich versucht, die Trivialität des Deskriptiven, aber auch der eingestreuten Reflexionen oder Philosopheme zu konterkarieren. So auch in dem Gedicht *Falten und Fallen*, das dem Band den Titel gibt:

> Leute mit besseren Nerven als jedes Tier, flüchtiger, unbewußter
> Waren sie's endlich gewohnt, den Tag zu erlegen. Die Pizza
> Aus Stunden aßen sie häppchenweise, meist kühl, und nebenbei
> Hörten sie plappernd CDs oder fönten das Meerschwein,
> Schrieben noch Briefe und gingen am Bildschirm auf Virusjagd.
> [...]

Manchmal wirkt die unvermittelte Kollision des Hymnisch-Prophetischen, des *Pontifikalen* (Brecht) mit dem Trivialen und dem Zeitgenössisch-Alltäglichen geradezu unfreiwillig komisch, etwa in dieser Prophetie der Empfindung von Hitze und Schweissfluss als Wirkung schneller oder panischer Bewegung:

> Auch der kälteste Raum wird zur Sauna,
> Solange du irrläufst. [...]

Oder auch in dieser Passage, in der nicht nur die *Duineser Elegien* zu hören sind, sondern die, in ihrem Häufen von Nomina, zugleich auch eine Mimikry von Benn'schen Manierismen darstellt:

> Stumpf, wie der Blick durch mehrere Autofenster in Richtung Stau,
> Reibt sich im Unbewußten Gemurmel, der tägliche Durchschnitt
> An Panik, Erleuchtung und Apropos ... Egos eigenstes UKW.

In hymnischem und prophetischem Ton über Bulldozer oder Autoreifen oder über mannsdicke Rohre zu sprechen, über Staus und UKW, das könnte parodistischen Wert annehmen. Aber bei Grünbein wird das unwillkürlich zu einer Art Verschleierungsmanöver, das die Aura von Bedeutsamkeit hervorrufen soll. Und sein von manchen Rezensenten so hochgelobtes *Talent* besteht vor allem darin, um jener Aura willen mit einer gewissen Selbstverständlichkeit, Geschicklichkeit und Geschmeidigkeit Tonfälle, Gesten, lyrische Sprechweisen nachzuahmen und sie, um im Jargon seiner Gedichte zu sprechen, zu *mixen*.

Sowohl zu diesem gestohlenen oder geliehenen Pathos, dieser aufgesetzten Feierlichkeit als auch zu Grünbeins traditionellem Begriff des Metaphorischen passen auf lexikalischer Ebene die häufigen Bezeugungen humanistischer Bildung oder Gelehrsamkeit: Da gibt es jede Menge von Mythologemen wie *Orpheus, die Parzen, den Sänger von Theben, die stygische Spülung* und, unter dem beziehungsvollen Titel *Nach den Fragmenten, Lesbias Käfig* und *Aphrodites Geleitzug*. Natürlich dürfen auch weder *Odysseus* noch *Sisyphos* fehlen.

Und da gibt es auch lateinische Gedichttitel wie *Homo sapiens correctus* oder *Damnatio memoriae* oder *In utero*; da werden Philosophennamen genannt wie *Aristoteles, Descartes*, der Hedonist *Hegesias*, der Sophist *Claudius Aelianus*, da wird von *Pythagoras' Schweigen* oder von *Zenons Pfeil* gesprochen, und schon das Motto des Buchs ist ein Satz Wittgensteins aus *Über Gewissheit* und das Motto eines Gedichts ein Satz Immanuel Kants. Dazu kommt noch eine Reihe von mehr oder weniger gut versteckten Zitaten oder auch von Anspielungen auf Bildungstopoi, aber auch von Fremdwörtern und Einsprengseln in fremden Sprachen (Englisch, Italienisch, Französisch). (Auch das ist ja schon bei Benn ein manchmal aufdringliches Zeichen angeblicher Weltläufigkeit.)

All das verdankt sich Grünbeins Bemühen, der in Anspruch genommenen Alltäglichkeit den Anschein der ganzen Tiefe des abendländischen Bildungsraums zu geben. Es ist wohl eine Art *Ulysses*- oder *Waste-Land*-Effekt, den Grünbein zu erzeugen sucht. Doch abgesehen davon, dass humanistische Bildung vor achtzig Jahren etwas ganz anderes war, als sie heute ist (nämlich ein viel selbstverständlicheres Mittel), haben diese Topoi in seinen Texten, anders als in den Werken von Joyce und Eliot, keinerlei nachvollziehbare strukturierende Funktion.

So bezeichnen sie nur die in diesem Fall ästhetisch scheiternden Versuche, abendländische Tradition oder Geschichte im Zeitgenössischen zu finden oder herzustellen. So wie Grünbein über diese Topoi verfügt, sind sie vor allem Dekoration oder Ornament und, natürlich, ein wenig auch Angeberei oder Einschüchterungsmittel.

5

Auf der einen Seite das In-Anspruch-Nehmen einer bestimmten traditionellen poetischen Maschinerie, sowohl, was den Begriff und den Gebrauch metaphorischer Operationen, als auch, was bestimmte Momente der Satz-Rhetorik oder der Satz-Gestik angeht, und dazu der massive Einsatz humanistischer Bildungstopoi. Stünde auf der anderen Seite nur das vertraute Lexikon des modernen Alltags, dann würde das nicht ausreichen, um den Anschein eines Gleichgewichts zwischen dem Gegenwärtigen oder Modernen und dem Überbrachten oder Traditionellen herzustellen. Also gibt es bei Grünbein noch einige andere, wenn nicht ausschliesslich zeitgenössische, so doch vorgeblich moderne Gegengewichte. Auf lexikalischer Ebene das auffälligste: der geradezu exzessive Gebrauch von Termini, die aus wissenschaftlichen Fachsprachen stammen, insbesonders aus den Sprachen der Biologie und der Medizin bzw. der Physiologie, dazu kommen vor allem noch Termini aus den Computer- und Kom-munikationswissenschaften. Und also wimmelt es in seinen Gedichten von Wörtern wie *Hormone, Serotonin, Hygiene, Brown'sche Bewegung, Elektroden, Formaldehyd, Stetoskop, Magnetfeld, Biotop, Liquor, Teleskop, Nebelkammern, Diagramm, Silicium, Skinner-Box, EEG, IQ, Aphasie, Endlosschleifen* usw., usw.

Der Gebrauch wissenschaftlicher Termini in Gedichten ist spätestens seit dem frühen Benn ein angeblich bewährtes Verfahren, das Poetische vom altmodischen Kopf auf moderne Füsse zu stellen. Eine Wirkung dieses Verfahrens soll darin bestehen, eine ironische, kühle Haltung zu bezeugen; die Haltung des Desillusionierten, der sich die sprachlichen Elemente einer Naturwissenschaft vorsagt, um sich oder anderen einerseits den Idealismus auszutreiben und andererseits (als einen Angelpunkt dieses Idealismus) das Subjekt. Es ist eine Haltung, die (was den deutschen Sprachraum betrifft) vielleicht in Heines ironischer Auseinandersetzung mit der Romantik präformiert ist, ja überhaupt in der nachromantischen Reaktion auf die Romantik; eine Haltung, die sich dann in all die Ernüchterungs- und Desillusionierungsräusche (wie man paradoxerweise sagen kann) der Moderne weiterentwickelt hat, und so gegensätzliche Formen wie Naturalismus und Dadaismus angenommen hat. Es ist eine Haltung, die ihre Spuren in vielen bedeutenden Dichtungen dieses Jahrhunderts hinterlassen hat, ob nun etwa in dem schonungslosen Verismus der Werke Arno Schmidts, der analytischen Vivisektion des Schöngeistigen bei Robert Musil oder aber etwa in den Versuchen, die Sprache dabei zu ertappen, wie sie aus dem, was ein

Tropfen Sprachlehre sein könnte, Wolken aus Metaphysik macht, also in den Werken einer sprach- bzw. metaphysikkritschen Tradition, wie sie sich etwa in den Texten der Dichter der *Wiener Gruppe* zeigt. Es ist eine Haltung, die wahrscheinlich den grössten Teil der zeitgenössischen Literatur wesentlich mitbestimmt, die sogar eine womöglich allzu selbstverständliche ästhetische Grundlage vieler zeitgenössischer Werke darstellt, wie sich in dem häufig unreflektierten Ressentiment gegen das Pathetische, das Erhabene und das Sublime zeigt.

Auch Grünbeins Gedichte haben an jener Haltung Teil, auch sie sind Ausdruck einer (natürlich an und für sich legitimen) speculation à la baisse, wie Musil sie nennt. Die falsche Selbstverständlichkeit dieser Spekulation in Grünbeins Gedichten zeigt sich darin, dass sie im Widerspruch zu anderern ihrer Züge steht (etwa zu ihrer subkutanen Feierlichkeit), diese Widersprüchlichkeit aber nicht als solche erkannt wird und deshalb nicht ausgetragen. Es ist eine speculation à la baisse, die bei Grünbein den paradoxen Pferdefuss hat, von einem sehr hohen und unbehelligten Ross herab ausgesprochen zu werden, tatsächlich von einer Art Pegasus, von einem unbehelligten, Souveränität beanspruchenden Subjekt, dessen Vivisezieren, Desillusionieren viel weniger gezeigt als behauptet wird, viel mehr Attitüde als Methode ist, und insofern selbst etwas Rauschhaftes hat und vielleicht für manche auch deshalb hypnotische Wirkung. (Ich komme darauf zurück.)

Grünbein jedenfalls scheint dem Gebrauch wissenschaftlicher Termini in Gedichten noch immer ohne weiteres die Funktion zuzutrauen, die Wirkung des Zeitgenössischen oder Modernen hervorzurufen und vielleicht des skandalös Anti-Poetischen, Prosaischen oder Ernüchternden. Und so heisst eines seiner Gedichte *Im Museum der Mißbildungen*, und dieses Gedicht ist tatsächlich eine Beschreibung, wie es im Gedicht selbst heisst, *im Licht der Medizin*, eine Aufzählung von Monstrositäten:

> Aus einem Kasten schielt ein Zwilling, siamesisch,
> Daneben ein verwachsenes Lämmerpaar, ganz *Agnus Dei*.
> Um einen marinierten Stierkopf samt Tumor im Glas
> Spinnweben, eine tote Spinne und auf Vorrat Fliegen …
> […]

Unversehens ist die Poesie des Anti-Poetischen in unverhüllte Stoffhuberei umgeschlagen, in das im Zusammenhang von Dichtung nicht gerechtfertigte, naive Vertrauen auf starke, in diesem Fall wahrscheinlich starken Abscheu erweckende Reize, auf die angeblich direkte Wiedergabe des

Schrecklichen oder Entsetzlichen, die nur mit einigen Metaphern ausstaffiert wird und durch eine Art Reflexion in Form einer halb pathetischen, halb ironischen Frage eingerahmt – *Aber ein Mensch ohne Großhirn, wo führt das hin?* –, einer Frage, mit der das Gedicht beginnt und mit der es auch endet.

Das ist so, wie wenn jemand in einen Fleischerladen, ein Leichenschauhaus oder eben in ein Monstrositätenkabinett blickt und sich sagt: Wie poetisch das ist, gerade insofern als es eine Art Negation jeglicher Poesie ist, und sich dann beeilt, diese Dinge zu beschreiben, so als ob die Beschreibung solcher Dinge nicht schon dadurch, dass sie *Beschreibung* zu sein beansprucht, alle diese Dinge und die Verhältnisse zu ihnen grundlegend verändern würde.

Und diese Haltung ist auch nichts anderes als die unverstandene Kehrseite einer historischen Vorstellung des Poetischen, nämlich jener von ausserordentlichen, besonders *poetischen Gegenständen*, deren als vorgegeben unterstellte Schönheit garantieren soll, dass auch ihre Darstellung in einem Kunstwerk *schön* ist.

So scheint sich gerade dieses Gedicht Grünbeins einer Art Umkehrung jenes Verfahrens zu verdanken, das Edgar Allen Poe in seinem berühmten Aufsatz *Philosophy of Composition* entwickelt. Wenn Poe schreibt: «Welcher ist unter allen melancholischen Gegenständen nach dem *allgemeinen* menschlichen Verständnis der *melancholischste*?», und sich antwortet: *der Tod*, und sich dann fragt: «Und wann ist dieser melancholischste Gegenstand am dichterischsten?», und sich darauf antwortet: «Wenn er sich aufs Innigste mit der *Schönheit* verbindet», dann sagt sich auch Grünbein (aber ich fürchte, ohne die Poe'sche Ironie), dass der Tod unter allen melancholischen Gegenständen der melancholischste ist, aber auf die Frage, wann dieser melancholischste Gegenstand am dichterischsten sei, scheint er sich eine andere Antwort zu geben, nämlich: wenn er sich aufs innigste mit dem nach allgemein menschlichen Verständnis Abstossendsten verbindet. Und also schliesst er messerscharf darauf, dass nicht, wie bei Poe, *der Tod einer schönen Frau* der dichterischste Gegenstand sei, sondern eben das *Museum menschlicher Mißbildungen*. (Und etwas von dieser simplen Umkehrung eines alten und allzu simplen Rezepts durchweht eine Reihe von Grünbeins Gedichten.)

Zugleich und im Zusammenhang mit diesem Desillusionismus und dieser Stoffhuberei hat Grünbeins Einsatz wissenschaftlicher Termini noch einen anderen Aspekt. Sie sollen bezeugen, dass man die Dinge, so wie sie sind, scharf und unbestechlich beobachtet und diese Beobachtungen genau und nüchtern wiedergibt. Diese Termini sollen Präzision suggerieren (das kann allerdings nur gelingen, wenn man einen allzu äusserlichen Begriff davon hat, was Präzision in der Wissenschaft tatsächlich bedeutet), genaues und sachliches Umgehen mit den seelischen oder körperlichen Erscheinungen, mit dem für Grünbein offenbar selbstverständlichen Resultat ihrer Reduktion auf das Mechanische oder Maschinenhafte.

Und es ist sehr bezeichnend für die künstlerische Schwäche von Grünbeins Gedichten, dass diese Vorstellung des Maschinenhaften sich nirgends in der Art und Weise zeigt, *wie* gedichtet wird, dass diese Vorstellung nirgends in der oder durch die Sprache der Dichtung selbst heraufbeschworen wird, sondern dass es einzig und allein der Jargon bestimmter Elemente der *Beschreibung* von Maschinenhaftem ist, der in diese Gedichte eindringt, während sie selbst so geschrieben sind, als läge es ganz fern, die Idee des Maschinenhaften auf die Sprache und auf die Dichtung selbst zu übertragen. Das Arbeiten der Sprache selbst, zum Beispiel das Arbeiten der metaphorisch-begrifflichen Maschinerie, die Grünbein so selbstverständlich in Anspruch nimmt, das diesbezüglich determinierte Produzieren von Sinn liegt ausserhalb des Blickfelds, das die Gedichte Grünbeins zeigen.

So also bleibt die Idee des Maschinenhaften bei Grünbein ganz äußerlich, ja dekorativ. Durch die folgenlose Weise, in der das Maschinenartige als Thema oder als *Stoff* vorkommt, nimmt er dieser Idee allen Ernst und jegliche Überzeugungskraft. Ob man sich selbst oder andere oder die ganze Welt mit einer Blume, einem Engel oder mit einer Maschine vergleicht, das macht doch in einem Gedicht keinen wesentlichen Unterschied, solange nicht jeder dieser Vergleiche auch Folgen für die nicht-referentiellen Aspekte der Sprache hat, also für den Klang und das Schriftliche, aber auch für die Grammatik und die Behandlung des Bereichs der Bedeutungen!

*

Die traditionelle Metaphorik, die den selbstverständlich vorausgesetzten Unterschied zwischen eigentlicher und übertragener Bedeutung nicht anzweifelt, der feierlich-hymnische Duktus und das wissenschaftliche Vokabular als angebliches Instrument angeblicher Genauigkeit und Nüchternheit führen dann zwangsläufig zu einer grauenvollen und für Grünbeins Gedichte so bezeichnenden Mischung aus Allegorisierung und Neurologisierung:

Wach unterm Sprechzwang rekelt sich Aphasie. (…)

Da Grünbeins Anleihen an die Sprache der Wissenschaft nicht von seinem Bemühen zu trennen sind, *up to date* zu sein, kann oder will er auch nicht auf populärwissenschaftliche Modebegriffe wie *Fraktal* oder *Code* verzichten. Und also kommen in seinen Gedichten auch solche Blüten eines szientistischen Lyrismus zustande:

Jeder Tag brachte, am Abend berechnet, ein anderes Diagramm fraktaler Gelassenheit. […]

Oder es kommt, wiederum in deutlichem Anklang an Rilke, zu dieser Formel:

Totcodiert der enorme Raum. […]

In solchen Formeln packt, kann man Walter Benjamin paraphrasierend sagen, nicht die Ewigkeit die Mode beim Genick, sondern vor allem die Mode die Mode. (Ja, auch alle Mode will Ewigkeit.)

Nimmt man nun die Ingredienzen Feierlichkeit, lexikalische Bezeugung humanistischer Bildung und die naturwissenschaftlichen Termini zusammen, dann entsteht daraus eine Mixtur, die auch für den späteren, nach-expressionistischen Benn charakteristisch ist (und auch schon bei Benn zu zweifelhaften lyrischen Blüten geführt hat, etwa zu den *Blutgerinnsel des zwanzigsten Jahrhunderts*, Grünbein spricht einmal vom *alten Hirngewölbe des Jahrhunderts*). So heisst es denn auch bei Grünbein, in sehr an Benn erinnernder assonierender und alliterierender Häufung von Nomina:

… Rosen … Kondome … Sappho … Serotonin … […]

Und in dieser Aufzählung zeigt sich noch ein anderes Moment von Grünbeins Gebrauch moderner Verfahren (eines modernen Rezepts): Es ist jenes des assoziativen Aufzählens. Dinge, die nach alltäglichen Begriffen keine oder wenig Verbindung miteinander haben, werden nebeneinandergesetzt, und häufig wird die Verschiedenartigkeit der nebeneinandergesetzten Dinge durch das Assonieren oder Alliterieren der Wörter zugedeckt, sozusagen unter *eine* Decke gesteckt:

Cattleya, Cannabis, Clit … mit den Wurzeln nach oben
    Saugt ein Wort […]

Oder, ohne jene auffälligen klanglichen Ähnlichkeiten:

[...] Es regierte die Dürre,
Ein Prozess aus gekreuzten Rassen, Elektronik und der Diät
einer Tautologie, verliebt in ihr vielfaches »Wie gesagt ...« [...]

Dieses Rezept ist nicht zufällig mittlerweile das allervertrauteste und allergewöhnlichste. Was vor hundert Jahren, vor Surrealismus, Dadaismus, experimenteller Literatur eine womöglich erkenntnisstiftende Überraschung war – alle die Lautréamont'schen Kollisionen von Nähmaschinen und Regenschirmen auf Operationstischen –, das ist inzwischen zu einer poetischen Lizenz geworden, die beinahe jedermann und beinahe gedanken- und widerstandslos für sich beansprucht. Eine Lizenz, die natürlich das ideale Mittel ist, um den Verdacht zu zerstreuen, dass es an notwendigen Verbindungen zwischen den Elementen eines literarischen Texts mangelt. Ob als angebliche Wiedergabe inneren Monologisierens, ob als Inventar, als Registration von Dingen oder Ideen oder als Montage vorgefundener, gegeneinandergestellter Zitate: die Assimilation dieses Prinzips bereitet zumeist (und auch in Grünbeins Gedichten) keine fruchtbaren Schwierigkeiten mehr.

Um es fruchtbar gebrauchen zu können, müsste die Geschichte dieses Prinzips präsent sein, seine inneren Widersprüchlichkeiten und seine Konsequenzen verarbeitet. Im Zusammenhang von Grünbeins Gedichten jedenfalls haben Konstellationen wie die von Nähmaschinen und Regenschirmen auf Operationstischen in etwa die Wirkung eines geschickten Schaufensterarrangements, in dem diejenigen, die die Geschichte einer Kunst tatsächlich verarbeitet haben, die späte Anwendung einstmals revolutionärer Konfrontationen erkennen können, während die anderen glauben, etwas Neues und Kühnes und zugleich Hübsches oder sogar Schickes geniessen zu dürfen.

Die derjenigen des Assoziativen ähnliche Verwandlung eines modernistischen Stilmittels ins, wenn nicht Dekorative, so doch ins Unverbindliche zeigt auch Grünbeins Umgang sowohl mit dem, was in der Verslehre *freier Rhythmus* genannt wird, als auch (und im Zusammenhang damit) mit der Zeile als rhythmisch-metrischer Einheit.

Während manche der vergleichsweise kurzzeiligen Gedichte, wie diejenigen, die unter dem Titel *Variation auf kein Thema* gesammelt sind, tatsächlich noch so etwas wie eine rhythmisch-metrisch fühlbare Ordnung zeigen, die durch das Wechselspiel zwischen Enjambement und der Übereinstimmung zwischen Satz- und Zeilenende so etwas wie rhythmisch variantenreiche Eleganz verwirklichen (deren Wert allerdings wiederum vor allem dekorativ ist), so wird in vielen längeren Gedichten Grünbeins (manche ziehen sich über mehrere Seiten) dieses Mittel zu einer nicht nur funktionslosen, sondern auch wirkungslosen und also leeren Konvention. Wie in so vielen zeitgenössischen Gedichten, die nicht darauf schliessen lassen, dass ihre Verfasser begreifen, dass die Freiheit vom Metrum und damit von dem Fall und der Anzahl von Silben pro Zeile aus einer bestimmten Notwendigkeit zu stammen hat, die womöglich Kompensation durch andere Ordnungsschemata verlangt, ist da überhaupt nicht mehr einzusehen, warum die Zeilen gebrochen werden, und noch viel weniger, warum sie dort gebrochen werden, wo sie gebrochen werden. Auch Grünbein gibt der *Verführung zur Formlosigkeit,* von der Brecht in diesem Zusammenhang spricht, ohne nennenswerten Widerstand nach.

Und es scheint mir sehr bezeichnend zu sein, dass Grünbein das rein Konventionelle seiner modernen Behandlung von Metrum, Rhythmus und Zeile wiederum durch eine andere Konvention aufzuwiegen sucht, die ihrerseits genauso leer und äusserlich bleibt: Obwohl das heute gar nicht mehr selbstverständlich ist und also als ein bedeutungsvolles Zeichen ins Gewicht fallen sollte, beginnt in Grünbeins Gedichten jedes Wort am Anfang einer Zeile mit einem Grossbuchstaben, so als ob dieses Hervorheben des Zeilenanfangs dessen Zufälligkeit verdecken können sollte.

Vielleicht aber deutet gerade diese mangelnde Funktionalisierung der spezifisch lyrischen Mittel, im Zusammenhang mit den deskriptiven wie mit den reflexiven Ansprüchen von Grünbeins Texten, auf bestimmte literarische Möglichkeiten hin, die Grünbein dann nützen könnte, wenn er seine Texte aus den Traditionen und den Gesetzen lyrischen Sprechens befreien und im Rahmen der Traditionen und Gesetze einer Prosa zu entfalten versuchte. Es mag sehr gut sein, dass das, was innerhalb der literarischen Form *Gedicht* sowohl so wenig überzeugend Wiedergabe von Beobachtungen zu sein beansprucht, als auch genau so wenig überzeugend als Analyse, Vivisektion auftritt, ja schliesslich auch das, was Verbindungen zu philosophischen, wissenschaftlichen oder anderen kulturellen Topoi zu ziehen unternimmt, innerhalb von prosaischen literarischen Formen eine andere, höhere Qualität annehmen würde; es mag sein, dass mögliche und manchmal erahnbare Qualitäten des Grünbein'schen Schreibens auf dem Stern seiner Prosa einzuleuchten beginnen könnten.

Dafür sprechen nicht nur jene Passagen in seinen Gedichten, die auf die Fähigkeit differenzierter Wiedergabe von Beobachtungen schliessen lassen, sondern überhaupt Grünbeins Versuch, Analyse, Reflexion und Beobachtung in seinem Schreiben zu verbinden.

6

In den Gedichten Grünbeins wimmelt es geradezu vor grossen Worten wie *Sterben, Angst, Freude, Überdruss, Wissen, Lust, Ekel* usw. Diese grossen Worte stehen vielleicht zwischen den angedeuteten retrospektiven Momenten seiner Gedichte und jenen, mit denen er versucht, sich des Modernen oder Zeitgenössischen zu versichern, oder sie bilden die Klammer, die beide Momente umfassen soll.

Den Wörtern, die in diese Kategorie fallen, merkt man – sieht man in einigen Fällen von der Rechtschreibung ab – jedenfalls nicht an, aus welchem der neuhochdeutschen Jahrhunderte sie stammen. Zudem bezeichnen diese Wörter Begriffe, die wohl zu jeder Zeit und in vielen Sprachen allgemeines und selbstverständliches Gut sind. Sie scheinen unendlich übersetzbar oder paraphrasierbar und damit das für alle schlechthin Verbindliche und auch Wesentliche zu sein. Gebraucht man sie in der Literatur, dann können sie als konvertible Währung erscheinen, die sowohl das Überzeitliche als auch das Allgemeinmenschliche signalisieren können soll.

Kann aber literarisches Schreiben oder Lesen nicht erst dann ernsthaft beginnen, wenn man diese Übersetzbarkeit oder Paraphrasierbarkeit, nicht nur zwischen verschiedenen Sprachen, sondern auch innerhalb einer einzigen Sprache, zu befragen beginnt und damit auch den Schluss von dieser Art von Verbindlichkeit auf das Wesentliche nicht mehr selbstverständlich zieht?

Grosse Worte nenne ich hier also solche Wörter, die sehr allgemein bezeichnen, unter die sehr viel Verschiedenes und Verschiedenartiges fällt. *Grosse Worte* sind konventionelle Etiketten, die eine Unzahl von verschiedenen und verschiedenartigen Phänomenen durch sich zusammenzufassen beanspruchen. (Was kann unter *Liebe* oder unter *Angst* nicht alles verstanden werden!).

Gerade deshalb haben *grosse Worte* in der Literatur oder wenigstens in der lyrischen Dichtung zumeist die Wirkung, mit dem einzigen Schlag ihres jeweiligen Gebrauchs allzu viele Fliegen so zu erschlagen, dass sowohl der Schlag als auch das, was dabei mit den Fliegen geschieht, unerkennbar bleibt.

Anders: Das, was unter diese grossen Worte fällt, fällt zumeist nicht *damit* oder *dadurch* unter sie, dass sie gerade gebraucht werden, es fällt nicht auf eine dar- oder herstellbare Weise. Diese grossen Worte, deren Gebrauch in Gedichten so schwierig ist, lösen zumeist zu viele sinnliche Vorstellungen zugleich aus, um jede von ihnen auf eine Weise deutlich werden zu lassen, die sie erfahrbar werden lässt.

So enthält der Gebrauch von grossen Worten unter den meisten Umständen, dass das, was durch diese Wörter evoziert wird, diffus ist, blass und konturlos. Es hängt damit zusammen, dass diese Wörter vor allem der Sphäre der Reflexion angehören, einer Sphäre, deren Evokation in Gedichten nur mit Hilfe diffiziler Maßnahmen möglich ist. Die Ansprüche, die, wie ich glaube, im Zusammenhang von Gedichten zu Recht gestellt werden, nämlich auch das dar- oder herzustellen, was man mit einem berühmten Philosophen das *Leben des Begriffs* nennen könnte (wenn mit diesem *Leben* auch der Weg zu jenen allgemeinen Begriffen oder auch der Weg von ihnen weg mitgemeint ist), können durch diese grossen Worte fast niemals erfüllt werden. (Grundsätzlich anders liegt der Fall nur dann, wenn man es gerade unternimmt, das Blasse oder Konturlose selbst dar- oder herzustellen.)

Um etwa in einem Gedicht Wörter wie *Leben, Tod, Liebe* überzeugend gebrauchen zu können, bedarf es bestimmter Vorkehrungen oder auch (literaturhistorischer) Umstände, müssen diese Wörter in Kontexten vorkommen, die ihren Gebrauch ästhetisch rechtfertigen. (Eine häufig in Anspruch genommene Möglichkeit dazu bietet die Figur der Ironie.)

Fast niemals kann man, und fast keiner kann wie August von Platen in *Wer die Schönheit angeschaut mit Augen*, das allgemein übliche Wort für den Begriff der Schönheit ernsthaft gebrauchen und dennoch dabei Schönheit erzeugen oder, um es platonistisch auszudrücken, die Idee der Schönheit hinreichend verwirklichen.

Die konventionelle, abgekartete Benennung oder der allgemeine Begriff sind also zumeist und auch in Grünbeins Gedichten nicht imstande, die Darstellung zu ersetzen, den Prozess der Entfaltung dessen, was mit jenen grossen Worten scheinbar so umstandslos benannt werden soll. In diesem Prozess, dessen Entfaltung ein Element der Definition von Literatur wäre, wäre das begriffliche Fixieren nur ein, wenn auch wesentliches Moment. So wie grosse Worte in Grünbeins Gedichten (aber keineswegs nur in seinen) gebraucht werden, sind sie Kennzeichen künstlerischer Schwäche. Gemäß der skizzierten Unfähigkeit, die übliche Unterscheidung zwischen wörtlicher und übertragener Rede anzutasten, wird hier das übliche grosse Wort für etwas sowohl als Garantie dafür genommen, dass dieses Etwas damit dar- oder hergestellt werden kann, als auch dafür, dass mit der konventionellen Bezeichnung der angenommene Wert, die angenommene «Grösse», ja jenes Etwas selbst, gegenwärtig und erfahrbar ist. Die Bedeutungstiefe des Gedichts soll damit garantiert sein, dass Worte gebraucht werden, die Dinge bezeichnen sollen, die angeblich alle grundlegend und überall und jederzeit angehen. Die direkte, konventionelle Benennung soll die Mühe des Herstellens einer Gestalt ersetzen.

So produziert der bedenkenlose und inflationäre Gebrauch grosser Worte in Grünbeins Gedichten eine Währung, die durch keine Realie, kein Gold poetischer Darstellung aufgewogen werden kann.

Wenn Grünbein sowohl die althergebrachte poetische Maschinerie als auch die Verfahren moderner oder zeitgenössischen Schreibens nur scheinbar (und nicht tatsächlich in ihren Voraussetzungen und Implikationen) zur gleichsam überzeitlichen Verfügung stehen, dann gilt das genauso für jene *grossen Worte*.

In Grünbeins Gedichten kommen nicht nur immer wieder die Wörter *Sterben, Panik, Angst, Freude, Überdruss, Zeit, Wissen, Irrsinn, Lust, Ekel* oder *Leben, Tod, Liebe* vor, sondern auch *Affekte, Schock, Horror, Entsetzen, Glück, Traum, Schlaf, Hass* usw.; da ist auch die Rede vom *Sinnlosen*, vom *Unerhörten*, das *verstört*, vom *Unbewussten*, vom *Unwirklichen* und dem *Irrealen*. Dieser bedenkenlose Einsatz so ungeheurer Summen führt dann zu zugleich prätentiösen wie hochtrabenden und leeren Formeln:

> Das Leben erkaltet, Zeit sich zuerst an Lebendiges hält, die
> Verstecke diskreter Leben, die Tage
> Gezählt, wird das Leben zum Intervall.

Und gerade der unbedachte Einsatz solcher grossen Worte führt eben auch zu den notwendig ohnmächtigen Versuchen, das Allgemeine und Unanschauliche jener grossen Worte durch Metaphern zu konkretisieren. Die schon erwähnten *Masken des Wissens*, aber auch die Formeln *Arkadien des Unbewussten* oder *reibt sich im Unbewussten Gemurmel* sind die sauren Früchte des Mangels an Reflexion der Bedingungen des eigenen Schreibens, des Kontexts *Gedicht*.

7

Auf der einen Seite das unreflektierte Verfügen über eine bestimmte traditionelle poetische Maschinerie, sowohl, was den Begriff und den Gebrauch metaphorischer Operationen, als auch, was bestimmte Momente der Satz-Rhetorik oder der Satz-Gestik angeht, in ihrem Nachempfinden anderer literarischer Zeitalter oder einzelner ihrer Repräsentanten (Rilke, Benn), dazu der massive Einsatz humanistischer Bildungstopoi, so als ob diese ohne weiteres zur Verfügung stünden.

Auf der anderen Seite die vertraute Sprache des zeitgenössischen Alltags bis in subkulturelle Jargons, aber auch die unvertrauten, jedoch Modernität signalisierenden Termini aus wissenschaftlichen Fachsprachen. Dazu, wenn auch in gemäßigter, allgemein verträglicher Form, die modernistischen Verfahren der Assoziation, der Juxtaposition von Verschiedenartigem, zwischen dem Extrem der Registration oder Aufzählung von Dingen oder Ideen, dem Extrem des inneren Monologisierens und dem Extrem der Montage vorgefundener, gegeneinandergestellter Zitate.

Und schliesslich das, was jene beiden Seiten des Grünbein'schen Schreibens, die retrospektive und die zeitgenössische, im Innersten zusammenhalten soll, aber doch nur ganz äusserlich verbindet: die grossen, zeitlosen Worte, die allgemeinen Bezeichnungen für die allgemeinen Dinge, für das Leben, Sterben, Lieben, Hass, Glück usw., usw.

Alles das zusammen bedeutet: Durs Grünbein geht mit seinen Gedichten aufs Ganze. Ich behaupte: wie jeder, der Literatur schreibt, aufs Ganze gehen muss, denn dieser Anspruch ist wenigstens dann im Begriff der Literatur enthalten, wenn man die Tätigkeit *Literatur* ernstnimmt.

Wie jedem von uns, der Literatur ernsthaft zu schreiben oder zu lesen versucht, geht es also auch Grünbein darum, einen Standpunkt zu gewinnen, von dem aus die verschiedenen Kräfte, denen wir ausgesetzt sind oder denen wir uns aussetzen, absehbar, erforschbar, darstellbar oder auch herstellbar gemacht werden.

Doch die Art und Weise, *wie* Grünbein die verschiedenen Momente seines Schreibens auffasst, und die Art und Weise, wie er diese verschiedenen Momente miteinander zu vermitteln sucht, das ist es, was ihn, wie ich glaube, in seinem Anspruch scheitern lässt.

Die verschiedenen Aspekte des Grünbein'schen Schreibens, die ich in dieser Kritik zu skizzieren versucht habe, sollen deutlich machen, warum die Resultante dieses Schreibens nicht jenes gesuchte Integral sein kann, jene tatsächliche Verwirklichung eines Ganzen oder eines *pars*, das tatsächlich zu Recht *pro toto* steht, also dieses Ganze aus sich gleichsam entlässt, es hervorbringt oder es bedeuten kann.

Grünbeins oberflächlicher und inkonsequenter Umgang mit den verschiedenen Seiten seines Schreibens bringt etwas hervor, das man bestenfalls als Karikatur oder Parodie jenes Ganzen ansehen könnte; aus einer tatsächlichen schöpferischen Ermächtigung oder einer schöpferischen Preisgabe, aus der Möglichkeit objektiver Dar- oder Herstellung wird etwas, das gerade damit jener Möglichkeit spottet, dass es ihre Verwirklichung zu sein so sehr beansprucht, während es doch diesen Anspruch eklatant verfehlt.

Statt jenes Ganze tatsächlich zu verwirklichen, statt sich der eigentlichen poetischen Arbeit zu unterziehen, bringen es Grünbeins Gedichte nur zu einer Art Vogelperspektive, zu einer angemaßten Totalen:

> [...] Triebwerke, Wolken
> Und Passagiere, das alles entzog sich
> In Pythagoras' Schweigen. Von den zahllosen Mythen,
> Verbrannt, war nur Asche geblieben [...]

Über diesen Wolken, von diesem Dach der Welt aus, scheint die Freiheit grenzenlos zu sein, aber gerade auch insofern eine Art Schlager-Text. Unten flutet das Leben, die Jargons ziehen vorüber, oder wie es bei Grünbein so oft heisst: die *Codes*; dort, weit unten, wimmeln die Traditionen, funkelt die Moderne, leuchten so verschiedenartige Sterne wie das Abendland, die Steinzeit, die Jahrtausende, der Kosmos selbst, aber auch die rostige Autotür, die Räderspur im Wegschlamm, der Drahtzaun, dann aber auch die Wissenschaften, die Philosophie, die Dichtung und, natürlich, das *Leben*, das *Lieben*, das *Sterben*, der *Tod*.

So ist da etwas, ein lyrisches Ich, das die Attitüde hat, das sich in der Pose ergeht, all diese so verschiedenartigen Dinge von oben herab zu einer poetischen Gegenwart und auf eine Fläche zu bringen und gerade damit das Ganze absehbar zu machen. Es ist ein poetisches Ich, das über subkulturelle Jargons so wie über wissenschaftliche Fachtermini verfügt, über morgen- oder abendländische Jahrhunderte so wie über subkulturelle Jargons, über philosophische Probleme so wie über die Methoden der Wissenschaften, über poetische Traditionen und Verfahren so wie über subkulturelle Jargons und die Methoden der Wissenschaften und über alles das und noch viel mehr genauso wie über Leben, Liebe und Tod:

Steinheim, Neandertal, Cro-Magnon, dieser Singsang
Der Gattung … Namen für Hirnschalen,
Für Kiefer und Kinnladen, real wie die Reste
Versenkt in den Müllgruben Moskaus, den Plastiksäcken
Manhattans […]
[…]
In den Büros und Apartments, das hierarchische Schnarchen,
Das Zischeln der Polytheismen […]

Es ist ein lyrisches Ich, das es unternimmt, alles auf einmal zu sehen, aus einer Totalen, es ist ein lyrisches Ich, das zu viele verschiedene poetische Lizenzen als zu seiner selbstverständlichen Verfügung behauptet und diese Verfügung als einen Beweis für verwirklichte Totalität missversteht.

Der fundamentale Mangel an tatsächlicher poetischer Kraft zu einer solchen Verwirklichung macht aus der Anmaßung von Totalität eine Form objektiven Selbst-Betrugs, eine Form einer für sich selbst undurchsichtigen Prätention.

Und gerade die Tatsache, dass das, was da spricht, seinen eigenen Anspruch, über den Dingen zu schweben, durch die Weise, in der es spricht, so krass verfehlt, bringt es mit sich, dass diese Stimme unversehens bestimmte seelische und soziale Eigenschaften annimmt; dass dieses poetische Ich selbst zu einer Figur wird, deren Umriss, also deren Möglichkeiten und Grenzen man allzu leicht erahnen kann. Unversehens verwandelt sich damit der Anspruch, von einem ausserirdischen Punkt auf das Gewimmel hinunterzusehen, zu einem Teil des Gewimmels: Die Haltung des Sprechenden und die Gedichte selbst werden psychologisch, soziologisch, historisch, ästhetisch allzu mühelos oder widerstandslos einordbar, offenbar Kräften unterworfen, deren Wirkung sie nicht einzuschätzen und einzukalkulieren bzw. darzustellen vermögen.

So sieht und hört man jemanden, dem offenbar viel daran gelegen ist, um beinahe jeden poetischen Preis den mit Bildung prunkenden Weltläufigen vorzustellen, ebenso wie den über jede Menge letzter Schreie verfügenden subkulturell geeichten Grossstadt-Jugendlichen; man sieht und hört auch den blasierten Dandy, den feinnervigen Eleganten, das antimetaphysische und postnietzeanische Zünglein einer Nervenwaage, den Abgeklärten, den Desillusionierten, den kalten oder coolen, manchmal zynischen Vivisekteur, der, wie er glaubt, *grossen Gefühlen* oder den humanistischen Ideen mit den synthetischen Begriffen von Wissenschaften wie Neurologie, Chemie oder der Computer- und Kommunikationswissenschaften auf den Grund geht (während er doch nur eine Stimmung durch eine andere ersetzt); man sieht

und hört auch jemanden, der den Beobachtenden, den Durchschauenden
nur schauspielern kann, weil ihm so viel daran liegt, sich in seinem Fin-de-
Siècle-Blick selbst zu bespiegeln.

Man sieht und hört zugleich, wie sich diese Gedichte, wie sich ihr ly-
risches Ich in die Metapher für eine bestimmte, billige Vorstellung von
sogenannter *Postmoderne* verwandeln, man sieht und hört die Kräfte eines
halbgebildeten Feuilletons am Werk, das sein Raunen, Unken und Einge-
weideschauen, sein Deuten all der kulturellen Vogelflüge durch etwas be-
wiesen zu sehen glaubt, das selbst nichts anderes ist als ein ganz äusserlicher
oder willkürlicher Teil dieses Deutens.

Man sieht und hört aber auch, und als Kehrseite dieser Gebärden der
Distanzierung, des Desillusionierten und des Desillusionierens, in man-
chen Gedichten Grünbeins peinliche Sentimentalität; aufdringlich zuwei-
len in den Gedichten, in denen Erinnerungen an eine Kindheit oder einen
kindlichen Zustand heraufbeschworen werden sollen, am aufdringlich-
sten aber in dem langen, siebenteiligen Liebesgedicht mit dem unsäglich
kalauernden Titel *Im Zweieck*. Es ist ein Gedicht, das die Ausstrahlung
von Hochglanz-Erotik, schicker Jugend-Kultur, eines auf das Modische,
auf das Zeitgeist-Magazin heruntergekommenen Existentialismus pflegt,
veredelt durch preziöse und prätentiöse Metaphern (*die diaphanen Ein-
samkeiten von Stadt zu Stadt, Regen war die zerfelderte Partitur, auf der
sie ausgleitet*); es ist ein Gedicht, das so von dem ersten gemeinsamen
Besuch eines Cafés zu (wie Karl Valentin einmal sagt) *allem anderen auch
kommt*:

> Schneller als sonst wirkten die Drinks, und bald war es bittersüß
> Nur von spitzer Berührung, von Worten wie Seitenstechen im Gehn
> Auf dem Heimweg. […]
> […]
> Nachthimmel sanken, Sterne zuhauf. Impfnarben glänzten, entblößt.
> Schweigen verbarg Ironie, das Gefälle der Jahre, oben du, unten ich.

Man sieht und hört als eine andere Kehrseite dieser Gebärden der Dis-
tanzierung, des Desillusionierten und des Desillusionierens auch dann
und wann eine (an den Hauptintentionen Grünbeins gemessen) inkon-
sequente, aber wohlfeile Gesellschafts- oder Bewusstseins- oder auch
Medienkritik. Auch diese Kritik ist allzu mondän, allzu sehr eine Kritik
aus einem *Grand Hotel Abgrund* (bei Grünbein ist das allerdings eher die
Kritik aus einer Nobel-Disco *Decadence*), um überzeugend zu wirken.

Im Schaufenster, Brillen für Liebe,
Für schärferes Fernsehn, Särge
Und Möbel zum schnelleren Wohnen
[…]

Oder:

[…] alles codiert
Wie seit langem im voraus, ein Leben
Auf Abruf, […]

Grünbeins Gedichte lesend hört und sieht man das alles, und man beginnt zu begreifen, dass diese Gedichte den, wie ich glaube, berechtigten, ja notwendigen Anspruch auf das Ganze für die Suggestion einer Stimmung, eines Lebensgefühls verkaufen, man begreift, dass diese Gedichte Surrogate sind, wenn man so will, eine Art Designer-Droge, intelligent und geschickt gemacht insofern, als sie eine bestimmte Palette von Bedürfnissen perfekt zu bedienen geeignet sind; man begreift, dass sie insofern Zeugnis eines *Talents* sind, als diese Bedürfnisse natürlich nicht jedermanns Bedürfnisse sind, sondern diejenigen einer bestimmten Schicht von Literaturinteressierten, und dass man Grünbein so etwas wie eine, wenn auch ephemere, Form von Intuition und vor allem eine Form von Professionalität (Könnerschaft) nicht absprechen kann. Diese Intuition und diese Professionalität ermöglichen ihm, diese Bedürfnisse so zu bedienen, dass offenbar vielen seiner Leser die simplen Muster sowohl jener Bedürfnisse als auch ihrer Befriedigung entgehen.

8

Für diese Rezension habe ich vor allem zwei Motive. Zum einen ein literarisches: Literaturkritik ist selbst Literatur und auch Teil meines eigenen literarischen Schreibens, und die kritische Auseinandersetzung mit Literatur, die man selbst nicht geschrieben hat, ist in mancherlei Hinsicht einfach ein Versuch der Selbstkorrektur oder auch der Versuch einer ihrem Wert gemäßen Integration bestimmter Kräfte oder Zeit-Geister. (Es ist ja nicht so, und es soll ja wohl auch nicht sein, dass ich in dem, was ich als das Scheitern von Grünbeins Gedichten ansehe, nicht auch mein eigenes Schreiben von Gedichten wiederfinde.)

Das andere Motiv, ich gebe es zu, ist der Zustand des überwiegenden Teils der deutschsprachigen Literaturkritik, der sich am Beispiel der Rezeption von Grünbeins Gedichten wieder einmal offenbart. Nachdem man uns jahrzehntelang treuherzige Sentenzen, biedere humanistische Aphorismen, korrektes Politisieren (der brave Stammtisch) oder auch die angeblich authentische oder genuin subjektive Wiedergabe von Empfindungen und Gefühlen als bedeutende Gedichte einzureden versucht hat, ist jetzt, seit einigen Jahren, das Gegenteil wenigstens in einigem Schwange: Viele unserer Feuilletonisten oder Literaturprofessoren (häufig sind sie ja beides in Personalunion) multiplizieren alle diese Faktoren wieder einmal mit minus 1, gefallen sich im Lob von amoralisch-verwegenen Sentenzen, von antihumanistischen Aphorismen, von inkorrektem Politisieren (der wüste Stammtisch), wertschätzen zugleich das, was sie für artistisches Raffinement halten und verdinglichen, kurzum: sie favorisieren jetzt statt den Epigonen Brechts wieder einmal die Epigonen Benns.

Wenn das Dialektik ist oder auch ihre Negation, wie fruchtlos ist dann beides! Wie sehr bleibt doch der gemeinsame Hintergrund vor der bewusstlosen Mechanik des Austausches solcher Antithesen siegreich. Und dieser gemeinsame Hintergrund heisst: mühelose Abbildbarkeit der Dichtung auf bestimmte Weltanschauungen bzw. auf deren Darstellungen in den Feuilletons; das Gedicht als Illustration oder wohlfeile Ergänzung des mehr oder weniger schöngeistigen gehobenen Journalismus.

Das alles bedeutet, dass jene journalistische Literaturkritik und ihre Gegenstände sich dazu verurteilen, einander so in die Hände zu spielen, dass sie viel mehr Symptom sind als Symbol, viel mehr unwillkürlicher Reflex, Luftspiegelung eines Zeitgeists, als dessen tatsächliche Durchdringung, täuschende Bemächtigung oder illusionäre Unterwerfung: So geht, wie kann es anders sein, der Alptraum der Literaturgeschichte weiter, und nicht nur der Alptraum der *Literatur*geschichte.

Wie schreibt Brecht 1954 so richtig (aber hätte das nicht auch Benn schreiben können?): «Unsere Gedichte sind vielfach mehr oder minder mühsame Versifizierungen von Artikeln oder Feuilletons oder eine Verkopplung halber Empfindungen, die noch zu keinem Gedanken geworden sind.»

DIE REGEL, DAS SPIEL UND DAS ANDERE

Zum Werk Oskar Pastiors

Bei aller Wertschätzung für Oskar Pastiors Werk, dessen verspielter Charme, dessen Witz und Leichtigkeit, aber auch selbstvergessene Sprachbesessenheit es so vorteilhaft von dem unterscheiden, was in der deutschsprachigen Lyrik seit 1945 üblich ist, enthält dieser Aufsatz auch Einwände. Ich setze dabei aber nicht nur voraus, dass dieses Werk kritischer Auseinandersetzung wert ist, sondern auch, dass gerade eine solche Auseinandersetzung dem, was Dichtung auch für Pastior selbst bedeutet, gerecht werden kann.

Sollte ich mit meinen Einwänden unrecht haben, hoffe ich, dass sie – wie das in der Geschichte der Kritik manchmal der Fall war – dennoch ein Licht auf Pastiors Werk werfen, zu seinem Verständnis beitragen. Und kommt man zu dem Schluss, dass ich hier nur selbstzugefügte Wunden lecke (immerhin ist daran etwas Wahres), so halte man mir meine Verwicklung in die Fragen der Poesie zugute: Weil ich selbst Gedichte schreibe, stellen sie sich mir auch am Beispiel dieses Werks; es brennt mir als dasjenige unter den Nägeln, das auch meine eigene Arbeit angeht.

1

Sässe man auf einer der sprichwörtlichen Wolken, nähme man in Anspruch, gleichsam sub specie aeternitatis über die Entwicklung und den Stand der Dichtung im deutschsprachigen Raum zu spekulieren, und entwürfe man also eine Metaphysik ihrer Geschichte, dann könnte diese Metaphysik, in der ihr notwendigen idealtypischen Vereinfachung, einen Kampf zwischen zwei antagonistischen Kräften oder Tendenzen beschreiben.

Die eine Kraft oder Tendenz ist analytisch in dem Sinn, dass sie die Poesie vor allem als Spiel gemäß bestimmten sprachlichen Regeln versteht und deshalb unterstellt, die Regeln, nach welchen dieses Spiel gespielt wird, machten die Poesie wesentlich aus bzw. sagten Wesentliches über sie aus. Zugleich behauptet diese Kraft oder Tendenz, dass – gibt es in der Poesie auch Momente, die nicht auf jene Spielregeln zurückgeführt werden können – diese entweder die Poesie nicht wesentlich ausmachen bzw. Wesentliches über sie aussagen oder sich aller Beschreibung als Regelhaftes entziehen. In allen Fällen behauptet diese Kraft oder Tendenz, zwischen dem in einer Dichtung, was jenen Spielregeln folgt, und dem in ihr, was ihnen nicht folgt, könne deutlich unterschieden werden.

Die andere Tendenz oder Kraft, der ersten entgegengesetzt, ist synthetisch in dem Sinn, dass sie die Poesie als etwas versteht, das durch sprachliche Spielregeln nicht wesentlich bestimmt wird, das heisst nur in ihren unwesentlichen oder oberflächlichen Aspekten. Für diese Tendenz oder Kraft ist das, was die Poesie ausmacht oder Wesentliches über sie aussagt, das, was über alles Regelhafte oder über alles Sprachliche hinausgeht. Wenn sprachliche Spielregeln für eine Dichtung behauptet werden können, dann werden sie einem Verstehen untergeordnet, das sich auf Dinge oder Zusammenhänge bezieht, die nicht sprachlich sind oder nicht sinnvoll als sprachlich-regelhaft beschreibbar.

Jegliche Analyse ist auf einfache Bestandteile aus und auf Regeln für deren Verknüpfung. Eben diese Regeln der Verknüpfung können als Spielregeln verstanden werden. Versteht ein Dichter oder ein Leser die Poesie vor allem als Spiel gemäß bestimmten sprachlichen Regeln und sucht er nach ihren einfachen Bestandteilen und ihren Verknüpfungsregeln, folgt er also der als *analytisch* bezeichneten Tendenz oder Kraft, dann kommt ihm die Tradition der Dichtung insofern auf halbem Weg entgegen, als diese selbst etwas in den Vordergrund treten lässt, das sich einer solchen Suche wie selbstverständlich anbietet. Es sind die sinnlich wahrnehmbaren Aspekte der Sprache: das, was an ihr hörbar ist, und das, was an ihr sichtbar ist. Buchstabe und Laut oder Buchstaben- und Lautfolgen, aber auch Metrik bzw. Rhythmik scheinen sich für das Aufstellen solcher Spielregeln anzubieten.

Leugnet ein Dichter oder ein Leser, dass die Regeln, welche die analysierten einfachen Bestandteile verknüpfen, eine Dichtung wesentlich ausmachen oder Wesentliches über sie aussagen, folgt er also der als *synthetisch* bezeichneten Tendenz oder Kraft, dann kommt ihm die Tradition der Dichtung insofern (mindestens) auf halbem Weg entgegen, als die meiste Dichtung Aspekte hat, die eine solche Analyse und eine solche Suche nach sprachlichen Spielregeln selbstverständlich zu verbieten scheinen: es sind diejenigen, die nicht sinnlich wahrgenommen werden können: die Grammatik, die Semantik, vor allem aber alles, was als im Zusammenhang mit Sprachlichem stehend und doch als nicht-sprachlich gedacht wird: Gegenstände oder Ereignisse, auf die man sich durch eine poetische Sprache beziehen kann; ob sie nun, wie bildhafte Vorstellungen oder Gedanken, innerhalb des Sprechenden gedacht werden oder, wie zumeist die Gegenstände sinnlicher Wahrnehmung, ausserhalb.

*

Es liegt nahe, die analytische Kraft oder Tendenz in der Dichtung mit jener in der Musik zu vergleichen, speziell mit der Form des Analytischen, die sich in der sogenannten *seriellen Musik* zeigt.

Wenn man unter dem Begriff der *seriellen Musik* alle musikalischen Werke versteht, die auf prädeterminierenden Verknüpfungsregeln mehrerer (möglichst aller) musikalisch relevanten Eigenschaften – der sogenannten musikalischen Parameter (wie Tonhöhe, Tondauer, Lautstärke, Klangfarbe) – der einzelnen Töne respektive des Tonsatzes beruhen, dann kann man in Analogie dazu unter *serieller Poesie* alle Dichtungen verstehen, deren Komposition auf der Prädetermination mehrerer (möglichst aller) für die Dichtung relevanten Eigenschaften von Elementen der Sprache oder auch von bestimmten ihrer Verknüpfungen beruht.

Das Material der Dichtung würde so als ein Ensemble von Parametern gesehen; von sprachlichen wie Klang oder Schrift, Rhythmus, Grammatik und Semantik, aber auch von nicht-sprachlichen, als welche äussere oder innere Gegenstände und Ereignisse verstanden werden können. Die Konstruktion eines poetischen Texts wäre dann der Versuch, jene Parameter systematisch aufeinander zu beziehen.

Serielle Musik ist das Ergebnis einer Analyse des musikalischen Materials und seiner Komposition gemäß vorab aufgestellen Regeln, die auf dieser Analyse beruhen und sich auf alle wesentlichen musikalischen Qualitäten beziehen. Sie will also auf umfassende Weise ordnen, alle jeweils wesentlichen musikalischen Qualitäten innerhalb der Komposition organisieren. Gerade weil in der seriellen Musik dieser Versuch auf die Spitze getrieben wird, ist sie dazu geeignet, die Möglichkeiten und Grenzen einer solchen Prädeterminierung zu zeigen. Nicht nur in Bezug auf die Musik selbst – hier bietet sich das Historische bzw. Zeitgebundene serieller Werke als Ausgangspunkt für eine Antwort an –, sondern auch in Bezug auf die Poesie.

Das Bezeichnende für die Poesie ist: es gibt keine im definierten Sinn seriellen Dichtungen, wenn es auch, und nicht nur in der modernistischen oder experimentellen Literatur, Bemühungen gibt, die Sprache der Dichtung auch dort zu analysieren und prädeterminierenden Regeln auszusetzen, wo sie sich einer solchen Analyse zu entziehen scheint.

Denn immerhin kann man auch versuchen – wie es in den Poetiken der Renaissance und des Barock geschehen ist –, sich der grammatikalischen und der semantischen Seite der Sprache, ja auch nicht-sprachlicher Gegenstände systematisch anzunehmen. Man kann auch diese Aspekte der Dichtung analysieren und dann festlegen, welche Kombinationen als erlaubt oder Erfolg versprechend oder, im Gegenteil, als verboten oder unbrauchbar gelten sollen. Und so ist auch ein gegenwärtiges Schreiben vorstellbar, das vorab bestimmte begriffliche, grammatikalische, aber auch gegenständliche Einschränkungen macht, etwa festlegt, dass in einem Gedicht diese oder jene Begriffe oder Begriffsfelder, aber auch Gegenstände oder Ereignisse und diese oder jene Relationen zwischen ihnen in dieser oder jener Reihenfolge vorkommen und zugleich diesen oder jenen klanglichen oder auch rhythmischen Beziehungen entsprechen sollen.

Doch so weit man in seinen Versuchen in diese Richtung gehen mag, so ist ihr Ergebnis nicht in dem Sinn serielle Poesie, wie Musik serielle Musik ist, wenn alle musikalischen Parameter systematisch aufeinander bezogen werden. Der Grund dafür ist einfach: Anders als in der Musik können in der Dichtung nicht alle für sie wesentlichen Parameter unmittelbar sinnlich wahrgenommen werden und insofern auch nicht auf evidente Elemente zurückgeführt. – Eine Analyse von Grammatik oder Semantik oder gar von nicht-sprachlichen Gegenständen oder Ereignissen, die aber sprachlich dargestellt werden, ist nicht eine, deren Elemente sinnlich wahrgenommen werden können. Sie ist deshalb in einem anderen und viel stärkeren Sinn theoriebestimmt oder durch ein vorgefasstes Weltbild bedingt als eine Analyse musikalischer Parameter.

Jegliche etwa für die Parameter Grammatik oder Semantik und mehr noch jede für sprachlich dargestellte nicht-sprachliche Dinge oder Ereignisse behauptete Ordnung ist entweder wissenschaftlich – und insofern für den Umgang mit Dichtung nicht ohne weiteres brauchbar – oder aber selbst schon dichterische Anwendung und somit in einem viel stärkeren Sinn Poesie bzw. Deutung des Schreibens oder Lesens von Dichtung als jene Analysen und jene Spielregeln, die sich auf das sinnlich Wahrnehmbare der Sprache beziehen. Während die Musik sich, eben weil alle ihre wesentlichen musikalischen Parameter plausibel als sinnlich wahrnehmbar behauptet werden können, einem diesbezüglichen Positivismus vergleichsweise unvermittelt anbietet, scheint sich ihm die Sprache zu entziehen. (Dieser Positivismus kann in der Dichtung nur partiell sein.)

*

Der Kampf zwischen zwei antagonistischen Tendenzen oder Kräften in der Dichtung, zwischen einer analytischen und einer synthetischen, der von jener sprichwörtlichen Wolke aus behauptet werden kann, zeigt sich darin, dass diese Kräfte oder Tendenzen in Bezug auf jenen Positivismus dazu neigen, das Kind der Poesie auf verschiedene Weisen mit dem Bad auszuschütten.

Die analytische Tendenz oder Kraft schüttet das Kind mit dem Bad aus, indem sie die Analyse auf das sinnlich Wahrnehmbare beschränkt, und zugleich das sinnlich Wahrnehmbare bzw. die darauf beruhenden Spielregeln zum Angelpunkt ihrer Poetik macht und damit zum Zentrum ihrer dichterischen oder lesenden Aufmerksamkeit. Das aber, was an Dichtung nicht sinnlich wahrnehmbar ist und einer gleichartigen Analyse nicht unterworfen werden kann, lässt sie vergleichsweise ungeordnet bzw. stellt es hintan.

Die synthetische Tendenz oder Kraft dagegen behauptet die mit den Sinnen wahrnehmbaren und also ohne weiteres analysierbaren Seiten der Sprache als oberflächlich und will deshalb von auf eine solche Analyse bezogenen Spielregeln wenig wissen. Sie, für die jede Dichtung über alles Geregelte hinausgeht, unterzieht aber auch keineswegs die grammatikalische oder die semantische Seite der Sprache oder gar nicht-sprachliche Gegenstände oder Ereignisse einer Analyse. Sie schüttet das Kind insofern mit dem Bad aus, als sie sich – gleichsam über die Sprache hinweg – gerade von selbstverständlich als so und so vorhanden gedachten Dingen oder Ereignissen leiten lässt, die (jedenfalls zufolge der üblichen Begriffe) nicht zur Sprache selbst gehören.

2

Der (lyrischen) Dichtung bieten sich – im Unterschied zur Musik, da alle musikalisch relevanten Parameter als sinnlich wahrnehmbar behauptet werden können – nur die sinnlich wahrnehmbaren Aspekte der Sprache wie selbstverständlich als Gegenstand einer Analyse an und als Ausgangspunkt für das Aufstellen von Spielregeln.

Fussend auf einer solchen Analyse liegen bestimmte prädeterminierende Regeln auf der Hand: etwa jene, die zu Reimen, Anagrammen, Palindromen, Vers- und Strophenformen führen, aber auch zu Metren bzw. Rhythmen.

Ein guter Teil von Oskar Pastiors Werk stellt solche Regeln und das ihnen gemäße Spiel ins Zentrum der Aufmerksamkeit: Nicht zufällig hat Pastior ein Buch aus Sestinen (*Die kleine Kunstmaschine*), ein Buch aus Sonetten (*Sonetburger*), eines aus Palindromen (*Kopfnuß/Januskopf*) und eines aus

Anagrammen (*Anagrammgedichte*) veröffentlicht. In *Vokalisen & Gimpelstifte* gibt es eine Reihe von Gedichten, in denen jeweils nur ein einziger Vokal oder Diphthong vorkommt (zum Beispiel: abrakadabra, nachmals / tartar, nachmals kandahar- / kardan ...), und vergleichbar rigorose Spielregeln kann man auch noch in anderen seiner Werke finden.

Es ist aber nicht nur so, dass solche Regeln und das ihnen gemäße Spiel im Zentrum der Aufmerksamkeit stehen, sondern sie sind auch, was diese Dichtungen wesentlich ausmacht und damit auch das, wodurch wesentliche Aspekte ihrer Bedeutung beschrieben werden könnten. Von meiner metaphysischen Wolke aus gesehen, von der idealtypischen Beschreibung zweier antagonistischer Tendenzen oder Kräfte aus, folgt Pastiors Werk diesbezüglich der analytischen Tendenz. Da die Spielregel *Palindrom* jene ist, die am stärksten determiniert, wird das in *Kopfnuß/Januskopf* am deutlichsten. Hier dominiert die Regel so sehr, dass in den meisten Gedichten alle anderen Aspekte oder Parameter vergleichsweise unwichtig werden; insbesonders Grammatik und Semantik und damit auch alles, was als Gegenstand oder Ereignis behauptet werden kann, müssen sich in hohem Maß dieser strengen Regel fügen.

Doch auch dort, wo es schwerer fallen mag oder nicht sinnvoll möglich ist, solche Spielregeln anzugeben, ist es vor allem die sinnlich wahrnehmbare Seite der Sprache, von der Pastior ausgeht. Besonders deutlich wird das in *Der Krimgotische Fächer*, in einem Buch, das aus zu Neologismen zusammengeballten Reminiszenzen an verschiedene Sprachen besteht, alle, wie Pastior schreibt, *vor einem mittleren indo-europäischen Ohr*. Aber auch in *Wechselbalg*, den Bänden *Vokalisen & Gimpelstifte* und *Lesungen mit Tinnitus* – beide kündigen nicht von ungefähr ihre Klang-Bestimmtheit schon im Titel an – ist vor allem das Ohr der Ausgangspunkt der Gedichte.

So sind es oft «falsche» Etymologien, Kalauer, Versprecher oder Verleser, die von einem Wort zum nächsten führen (*ich gräne mir die augen aus dem zopf*, aus *Lesungen mit Tinnitus*); es sind auch metrische oder rhythmische Muster und überhaupt bekannte Tonfälle – von Abzählreimen, Kinderliedern bis zu mehr oder weniger geläufigen literarischen Vorlagen, die den Text bestimmen; und besonders häufig sind es auch verballhornte Redewendungen (*Werden die Scheren im Himmel geschlossen, handelt es sich um Sandsturm*, aus *Wechselbalg*), welche erst alles andere, insbesonders aber die Bedeutungen, den sprachlichen Sinn, nach sich ziehen. Also wuchert dieser Sinn, schiesst an jedem Punkt eines Pastior'schen Texts in so gut wie alles mögliche Kraut.

Ob Regeln, die auf dem sinnlich Wahrnehmbaren der Sprache beruhen, vorgegeben sind, ob man sie leicht aus seinen Texten extrahieren kann oder nicht: In Pastiors Werk herrscht etwas vor, das man Sinn-Freiheit oder Sinn-Anarchie nennen kann. Und das nicht nur, wenn man die Kriterien des üblichen Sprachgebrauchs anwendet, sondern auch dann, wenn man die semantischen Freiheiten zum Maßstab macht, die sich die lyrische Dichtung normalerweise nimmt.

In dieser Hinsicht erfüllt sein Werk auch ein zweites Moment dessen, was ich als analytische Tendenz oder Kraft bezeichnet habe: Wenn man annimmt, es gibt in Pastiors Dichtung auch Momente, die diese wesentlich ausmachen bzw. Wesentliches über sie aussagen, aber nicht auf die Analyse der sinnlich wahrnehmbaren Seiten der Sprache zurückgeführt werden können, dann entziehen sie sich ihrer Beschreibung als Regelhaftes.

*

Jene Sinn-Freiheit oder Sinn-Anarchie zeigt sich in Pastiors Werk darin, dass es die Gewohnheiten des Sinnbildens zitiert, persifliert oder parodiert, bis zu dem Punkt, da das Sinnbilden, das Bedeutung-Zusprechen selbst das wird, was als leere Konvention nicht mehr ernst genommen werden kann, sondern nur mehr imitiert.

Pastior selbst drückt das einmal so aus: «Diese Schwierigkeit, drüber zu reden, ist vielleicht der gleiche Motor, der mich getrieben hat, die Lieder & Balladen [das ist der *Krimgotische Fächer*] zu schreiben. Nicht ‹über› etwas reden, sondern einfach reden. Tun als ob man rede. Das Reden imitieren. Darum auch die bewusste Intonation, wenn ich laut vorlese: Staunen, Frage, Antwort, Zögern, Zweifel, Einverständnis – die ganze Regie, die es dann ‹tiefsinnig› erscheinen lässt …»

Dieses Unterlaufen des Sinnbildens kann verschiedene Formen annehmen.

So wird in Pastiors Texten häufig ostentativ gegen die Logik und/oder Grammatik und/oder Semantik verstossen: *Ich bin ein Gegenteil von Bin. Bin ist / ein Gegenteil von ist. Ein Gegenteil ist / ein Teehaus von mir …* (aus dem Band *Wechselbalg*, dem Gedicht *Frescobaldi*).

Die Verstösse gegen Logik, Grammatik, Semantik können sowohl horizontal ausfallen – widersinnige Schlüsse; falsche Definitionen; ein wiederkehrendes Muster, zentral etwa für das Buch *Höricht* – als auch vertikal – Durcheinanderwürfeln der verschiedenen Ebenen der Bezugnahme: Sprache über die Dinge, Sprache über die Sprache, Sprache über die Sprache über die Sprache usw. (besonders deutlich in *Gedichtgedichte*).

Die Verstösse gegen das semantisch Gewohnte zeigen sich auch in den häufigen Kombinationen von Konkreta und Abstrakta, zum Beispiel: *zieht aus hosenträger klausel*, oder: *deut schlottert überposition* (beides aus *Vokalisen & Gimpelstifte*).

Auch die in Pastiors Werk häufigen Listen von einander fernliegenden, ja normalerweise ausschliessenden Dingen, Listen aus Kraut und Rüben sozusagen (*es paart / eilbrief, epheu, maillot, wetzlar, mai, mief, theseus, scheintod, festmahl*, aus *Vokalisen & Gimpelstifte*) können als Verstösse gegen semantische Plausibilität verstanden werden, nähren sich jedenfalls von dem Kontrast zu dem, was normalerweise zusammen aufgelistet wird, weil es unter bestimmte Kategorien von Dingen oder Beziehungen fallen soll.

Allen Formen, die das Sinnbilden unterlaufen, ist so etwas wie ein Humor des Absurden oder Widersinnigen gemeinsam. Mutwillig werden da die Gesetze des Denkens auf die Schaufel genommen, aber auch das Gewicht der Welt, das auf jenen Gesetzen deshalb wie selbstverständlich lastet, weil sie auf die Welt (erfolgreich) angewendet werden. Es ist eine poetische Atmosphäre, die manchmal an Arp, dann wieder an Morgenstern erinnert.

*

Ein Moment dessen, was ich als analytische Tendenz oder Kraft charakterisiert habe, lautet: In einer Dichtung kann zwischen dem, was Spielregeln folgt, und dem, was ihnen nicht folgt, deutlich unterschieden werden. Dieses Moment zeigt sich nicht nur in Pastiors poetischem Werk selbst, sondern auch in seinen Reflexionen zu diesem Werk; in der Art und Weise, wie er über jene Aspekte der Sprache spricht, die nicht durch Spielregeln geordnet werden können, die auf dem sinnlich Wahrnehmbaren der Sprache beruhen.

In seinen *Frankfurter Vorlesungen* kommentiert Pastior eine Sestine, die Lichtenberg-Wörter gebraucht: «Fragen Sie jetzt aber nicht, nach welchen Kriterien ich meine Lieblingswörter und -wendungen in Lichtenbergs Auktionstext fand und zusammenklaubte; Sympathie braucht keine Begründung. Jedenfalls ‹brauchte› ich sie für die sich wiederholenden Reimwörter, alle übrigen für das gesamte Fleisch der Strophen und den dreizeiligen Abgesang.»

So wird eine Dichotomie zwischen Geregeltem und Ungeregeltem deutlich, die auf der einen Seite die strenge Regelung zur Erzeugung von sprachlichen Oberflächenstrukturen finden lässt (in diesem Fall jene zur Erzeugung von Sestinen), auf der anderen Seite aber nur die Sympathie, die man nicht zu begründen oder zu ergründen braucht, die das Ungeregelte schlechthin ist.

Und wohl auch deshalb dominiert in Pastiors Werk ein Geist, der alles, was über Poesie spricht und zugleich nicht über handhabbare Regeln, selbst für unwillkürliche Dichtung in seinem Sinn hält. Es ist ein Geist, der sich vor allem darin zeigt, dass Pastior auch dann, wenn er dazu ansetzt, etwas zu erklären, etwas zu beschreiben oder einen Gedanken auszudrücken (etwa in *Das Unding an sich*, seinen *Frankfurter Vorlesungen*), über kurz oder lang über den Klang oder das Bild eines Wortes stolpert, so als ob alles Erklären oder Denken immer in der Demonstration seiner sprachlichen Bedingungen enden müsste, oder so als ob die Wahrheit dieser Erklärungen oder Gedanken in ihrer klanglichen und schriftlichen Gestalt zu finden wäre.

Wo Pastiors Werke diese Kritik verdienen, da, wo allzu sehr das sinnlich Wahrnehmbare der Sprache zum Zentrum der dichterischen Aufmerksamkeit wird, während die anderen Parameter des Poetischen entsprechend hintangestellt werden, da schüttet er auch das Kind der Poesie mit dem Bad aus. Dort folgt er der einen, der analytischen, der beiden Tendenzen und Kräfte allzu selbstverständlich, dort passt meine idealtypische Beschreibung dieser Tendenz oder Kraft allzu gut.

Gemessen an der seriellen Musik, in der alle wesentlichen musikalischen Parameter systematisch aufeinander bezogen werden, ist eine Dichtung wie die Pastiors eine, die sich, wenn sie sich überhaupt Regeln unterwirft, auf die Regelung jener sprachlichen Parameter beschränkt, die sinnlich wahrnehmbar sind (Klang, Buchstabe, Metrik bzw. Rhythmus), während sie andere, für die Dichtung wesentliche Parameter (Grammatik, Semantik, und vor allem das, was als nicht-sprachlicher und gegenständlicher Bezug jeweils denkbar ist) in hohem Maß entweder der augenblicklichen Sympathie, dem Zufall und seiner Laune überantwortet oder, wie Pastior selbst es auch manchmal sieht, dem Wirken, dem Genie der Sprache selbst.

So treffen das prädeterminierend Geregelte und das, was sich so klarer Regelung entzieht, häufig unmittelbar und unvermittelt aufeinander.

3

Dass in Pastiors Dichtung einerseits grosses Gewicht auf Regeln gelegt wird, die auf dem sinnlich Wahrnehmbaren von Sprache beruhen, andererseits aber das vergleichsweise Regellose bzw. Unregelbare dominiert, hat mehrere voneinander abhängige Hintergründe, die in die philosophischen und ästhetischen, poetologischen und literaturhistorischen Bereiche führen, aus denen sich Pastiors Poesie speist.

Einer dieser Hintergründe entspricht einer bestimmten ästhetischen Haltung, die sich so umschreiben lässt: Die Form, die zum Beispiel durch Laut oder Buchstabe, bzw. durch Reim, Anagramm, Palindrom, Sestine, Sonett usw. gegeben ist, aber auch durch Metrik bzw. Rhythmik, bestimmt den Sinn nicht nur wesentlich, sondern ist selbst eine Art von Sinn, der auch ein sinnvolles Verhältnis zwischen ihm und anderem Sinn (etwa grammatikalischem, semantischem, gegenständlichem) garantiert.

In manchen von Pastiors Arbeiten (insbesonders den Palindromen und Anagrammen) zeigt sich für mich etwas von der Gefahr, die darin besteht, das konstruktive Teilhaben von Form an Sinn und Sinn an Form einfach als gegeben anzunehmen. Weil die Form selbst eine Art von Sinn sein und zugleich Sinn garantieren soll, wird die Dominanz von Spielregeln wie Palindrom oder Anagramm nicht hinreichend eingeschränkt. Und gerade insofern können die anderen Parameter oder Aspekte der Poesie nicht als eigenständige Kräfte behandelt werden. Der Spielraum jenes Sinns, der nicht auf Laut oder Buchstabe beruht, geht gegen unendlich, und ein differenziertes Zusammenspiel aller Parameter, die für die Poesie wesentlich sind, kann nicht stattfinden.

So ist – was die nicht sinnlich wahrnehmbaren Aspekte der Sprache angeht – alles (oder jedenfalls zu vieles) gleichermaßen möglich, und das nimmt den einzelnen, tatsächlich verwirklichten Sinnbildungen zu viel von ihrem Gewicht. Die Sinn-Hintergründe und -Vordergründe, die Hierarchien des Sinns (nicht dass die unabhängig vom einzelnen Text vorgegeben sein müssten!) tendieren dazu, in ein undifferenziertes oder beliebig differenzierbares Einerlei überzugehen. Es ist ein Einerlei, vor dessen Hintergrund etwa die buchstäblichen oder lautlichen Spielregeln oder überhaupt die sprachlichen Oberflächen hervortreten und mit ihnen auch die Kluft zwischen Geregeltem und Ungeregeltem.

Geschieht das aber, dann wird auch der vorab angenommene Zusammenhang von Form (als Sinn) und (anderem) Sinn beliebig. Er wird zu einer Selbstverständlichkeit oder auch Trivialität, während er doch, wie ich glaube, etwas ist, das in jedem literarischen Text erst gewonnen werden sollte, geradezu hervorgebracht. Eine notwendige oder als notwendig erscheinende Beziehung zwischen diesen Momenten wäre nicht einfach vorauszusetzen, sondern erst das Ziel jeder Dichtung.

Wenn dem so ist, muss man dann aber nicht annehmen, dass der Sinn der Form und anderer Sinn sehr wohl keinen Zusammenhang haben können? Oder anders: Wenn man den Zusammenhang zwischen dem Sinn der Form und anderem Sinn als von vornherein gegeben annimmt, muss man dann nicht auch annehmen, dass es sowohl äusserliche oder zufällige Zusammenhänge gibt als auch notwendige, innere sozusagen, und dass die Literatur, eben um sie selbst zu sein, auf diese notwendigen Zusammenhänge aus sein muss? Und wenn der notwendige Zusammenhang von Form (als Sinn) und (anderem) Sinn erst das Ziel jedes literarischen Texts ist, das Ergebnis eines Prozesses, sind dann wirklich alle *Form-Inhalt-Diskussionen* fruchtlos bzw. alle *Dichotomien unsinnig*, wie Oskar Pastior in seinen *Frankfurter Vorlesungen* schreibt?

Mag auch jeder Anfang eines poetischen Texts einem Würfelwurf gleichen und insofern zufällig sein, so wäre aus einem solchen Mallarmé'schen Würfelwurf des zufälligen Anfangs im Verlauf des Texts doch eine Notwendigkeit zu machen oder wenigstens ihr Anschein (so wie es eben zum Beispiel in Mallarmés Werken geschieht). Manche von Pastiors Texten jedoch bestehen vor allem darin, dass sie jenen Würfelwurf ständig nur wiederholen; sie bestehen aus einer Reihe von Anfängen oder Zufällen.

Nicht von ungefähr ist der Kalauer, der Sinn-Zusammenhang allein aufgrund einer zufälligen klanglichen Übereinstimmung stiftet, einer seiner bevorzugten poetischen Mittel. Aber reicht es denn, sich mit einem solchen Zusammenhang zufrieden zu geben, der eine vielleicht selten bedachte Verbindung schafft? Ist ein Zusammenhang, der der Dichtung wert ist, zwischen dem Philosophen Leibniz und den Leibniz-Keksen – Pastior in seinen *Frankfurter Vorlesungen* – damit gestiftet, dass sie beide denselben Namen tragen? (Dieser Zusammenhang wäre, paradoxerweise, nur dann nicht zufällig, sondern notwendig, wenn sich mit ihm gerade die Zufälligkeit oder Äusserlichkeit eines Zusammenhangs zwischen Klang und Sinn zeigen sollte; doch diese Zufälligkeit selbst ist vielleicht ein Thema der Arbeiten Pastiors, keineswegs aber das einzige oder wichtigste; es kann nicht alles Beliebige und Zufällige in seinem Werk rechtfertigen.)

*

Um zu erklären, warum in Pastiors Werk jener Prozess häufig nicht hinreichend stattfindet, dessen Ergebnis erst eine notwendige Beziehung zwischen Form – verstanden als Sinn der sinnlich wahrnehmbaren Seiten der Sprache – und den anderen Aspekten von Dichtung wäre, sei versucht, einen weiteren Hintergrund von Pastiors Schreiben zu erhellen (und dabei auch wiederum die Entwicklung der Literatur von jener sprichwörtlichen Wolke aus betrachtet).

Die moderne oder modernistische Literatur enthält bekanntlich eine starke Tradition von Sprachkritik. Beispiele für sie sind Hugo von Hofmannsthals Lord-Chandos-Brief, die dadaistischen Frontalangriffe auf den Sinn, Helmut Heissenbüttels Darstellung der Subjekt-Objekt-Grammatik als klassenspezifisches Herrschaftssymptom und die verschiedenen und verschiedenartigen Zweifel an tragenden literarischen Konventionen wie an jenen der literarischen Gattungen, aber auch an Figur, Handlung, Ich oder – vor allem, was die lyrische Dichtung angeht – an rhetorischen Figuren wie der Metapher. Häufig also regte sich, natürlich im Zusammenklang mit vielen anderen kulturellen Erscheinungen, Widerstand gegen den überbrachten Sinn, ja häufig wurde der Versuch unternommen, die als dem Tod geweiht empfundenen Sinn-Traditionen zu stürmen. (Manchmal so, als wäre Tradition per definitionem tote, zum Klischee verkommene Konvention.)

Diese Sprachkritik ging und geht Hand in Hand mit der entsprechenden Philosophie (von Mauthner bis Wittgenstein), einer Philosophie, die sich gegen jeglichen philosophischen Idealismus wendet und zum guten Teil positivistisch inspiriert ist.

In einer Bemerkung, die sowohl nominalistischen als auch positivistischen Hintergrund hat, drückt das Pastior selbst so aus: «Nein, es gibt keine allgemeine Grammatik – jeder Text schafft sich seine eigene.»

Den Zusammenhang seiner Arbeit mit jener sprachkritischen Tradition macht Pastior auch in einigen Bemerkungen explizit, in denen er seine Poesie als Widerstand gegen den für ihn in der Sprache inhärenten Idealismus oder Platonismus bezeichnet, während er zugleich doch auch den Aspekt der Sprache erkennt, der diesen Widerstand in einem Dilemma münden lässt: «Meine Verzweiflung: ich durchschaue das Unwesen abstrakter Begriffe, messe mich aber, indem ich denke, an ihnen; die Sprache, nicht der Sprecher, entwickelt ständig, spontan, in einem fort philosophischen Idealismus – es gibt kein materialistisches Denken.»

Eine ähnliche Haltung bezeugt Pastior auch in einer Bemerkung in dem (von Klaus Ramm herausgegebenen) Lesebuch *Jalousien aufgemacht*: «Das sind nun wieder Bilder, heillose Literatur aus dem Bild von der Sprache als Über- und Unterordnung, mit den Hierarchien und Nebensätzen und ihrem vermeintlichen Realismus. In den Registern finde ich mich noch unversehrt, also parataktisch, beigeordnet vor. Die Chancen, ohne Unter- bzw. Überordnung in dieser Sprache, die es ja gibt, auszukommen, sind zwar gering, aber, solange es Personenlisten gibt, irgendwie offen.» In diesem antiplatonistischen Zusammenhang folgerichtig, spricht sich Pastior auch einmal gegen alle *Gattungstrennungen* aus.

So sind im Sinn eines solchen Positivismus und Anti-Idealismus nicht nur die nicht-hierarchische Form der Liste für Pastior so wichtig, sondern eben auch die sinnlich wahrnehmbaren Aspekte von Sprache, die, um ihrer Vor- oder Nachbegrifflichkeit willen, gegen den Sinn, dieses ideale und notwendig hierarchisierende Phänomen, ins Treffen geführt werden können.

Dieser Zusammenhang von Sprachkritik bzw. Positivismus oder Anti-Idealismus mit Pastiors Werk kann auch durch einen weiteren philosophischen und literaturästhetischen Hintergrund erhellt werden.

Rudolf Carnap, einer der Philosophen des *Wiener Kreises*, hat ein empiristisches Sinnkriterium formuliert, demzufolge alle metaphysischen Sätze, insofern sie nicht verifizierbar sind, sinnlos sind. Diesem Kriterium nach werden ihm alle metaphysischen Philosophen zu unfreiwilligen Künstlern, die einen falschen Begriff davon haben, was sie tun, wenn sie Metaphysik treiben, und denen die Begabung dazu fehlt, tatsächlich Kunstwerke herzustellen.

Wie seltsam, aber auch wie folgerichtig, dass ungefähr zur gleichen Zeit in der Poesie selbst Bewegungen entstanden, die man durchaus in engem Zusammenhang mit jenem rigiden Carnap'schen Sinnkriterium lesen kann. Es sind Bewegungen – wie der Dadaismus, aber auch, etwas verspätet, die modernistische oder experimentelle Literatur der fünfziger und sechziger Jahre –, die jegliche sprachliche Form als sinnvoll unterstellen und damit die Möglichkeiten literarischer Sinnbildung auf die Spitze treiben, so als könnte auch die Literatur selbst – wie nach Carnap jede Metaphysik – das

Bilden von Sinn nur imitieren, parodieren. Als ob diese Literatur die Mechanismen der Sinnbildung, denen sie sich genauso wie jede Metaphysik verdankt, damit blossstellen wollte (und die von Pastior selbst einbekannte diesbezügliche Neigung wurde schon erwähnt), dass sie das Sinnbilden im doppelten Sinne des Wortes *vorführte*, etwa dadurch, dass sie gerade solche Sätze wie *Cäsar ist eine Primzahl* bildet, die für den Positivismus des Wiener Kreises als Beispiele für zweifellos unsinnige Sätze herangezogen wurden.

Es ist, als ob ein Zusammenhang zwischen unkonventioneller Sinnbildung, Metaphysikkritik und der Frage nach dem Verifizierbaren diese Literatur mitformte: Wenn alle Metaphysik nicht verifizierbar ist und insofern Unsinn, Metaphysik aber auch unbeabsichtigte Kunst, dann sind die Künste, insbesonders die Literatur, auch eine Art von Metaphysik (die höchste Form von Metaphysik, wie noch Nietzsche behauptet), und damit aber nicht nur nicht verifizierbar, sondern auch – wenigstens als Form von Erkenntnis – Unsinn, welche Weisen des Sinnbildens die Literatur auch wählen mag, seien sie nun konventioneller oder weniger konventionell. Und also macht es nur dann einen Unterschied, der zählt, welche Formen der Sinnbildung man wählt, wenn man tatsächlich Wissenschaft treibt, also auf Verifizierbares aus ist.

Wenn ich mich nun wiederum frage, warum in Pastiors Werk der Prozess zwischen den Momenten Form (als Sinn) und (anderem) Sinn manchmal nicht hinreichend ausgetragen wird, dann lautet eine Antwort hier: Vor dem Hintergrund jener Sinnkritik des Positivismus, der Sinn von Verifizierbarkeit abhängig macht, steht es nicht dafür, das notwendig metaphysische Sinnbilden in der Literatur ernstzunehmen. Und dieses notwendig metaphysische Sinnbilden wird vor allem mit der grammatikalischen und der semantischen Seite der Sprache identifiziert. Um also das ständige *spontane Entwickeln von philosophischem Idealismus* und damit auch von Metaphysik zu unterlaufen, ordnet man dieses Sinnbilden gleich dem unter, was – jenem Positivismus entgegenkommend – an der Sprache sinnlich wahrnehmbar ist. Und gerade deshalb begreift man die Einheit von Form und Sinn formal, nämlich als im Begriff der Literatur enthalten, und stellt das spezifische Gewicht der jeweils einzelnen Sinnbildungen im Namen dieser vorgegebenen Einheit hintan.

Dass Pastiors Dichtung im Horizont von Metaphysikkritik und Positivismus bzw. Anti-Idealismus stattfindet, zeigt sich auch in seinem seltsamen Versuch, sein eigenes Schreiben im Gegenzug (und im Handstreich) als eine Art von Naturwissenschaft zu begreifen: Wenn für den Positivismus die Dichtung sinnlose Metaphysik ist, da an ihr nichts verifizierbar sei, dann dreht Pastior den Spiess um und behauptet: Dichten selbst ist Wissenschaft, nämlich Experimentalphysik, oder aber: die Experimentalphysik ist sprachlich (was immer das bedeuten mag), ja, eine Art Poesie.

Wiederholt jedenfalls vergleicht Pastior physikalische Experimente mit seiner sprachlichen Arbeit. Zum Beispiel in seinen *Frankfurter Vorlesungen*: «[…] immer mehr klärt sich, dass die gesamte Experimentalphysik grundsätzlich eine sprachliche ist. Allein der Konjunktiv – welche Versuchsanordnung.» Ein anderes Mal spricht Pastior von der Hoffnung, dass die guten poetischen Texte der naturwissenschaftlichen Erkenntnis immer eine Nasenlänge voraus sind. Wenn ich ihn hier richtig verstehe, dann bezieht sich diese «Physik» und dieses «wissenschaftliche Experimentieren» innerhalb des Dichtens darauf, dass zum Beispiel Anagramme und Palindrome *Funde* zu Tage fördern, etwa einen wie *Kopfnuß/Januskopf* (der Titel des Palindrombandes selbst).

Doch ist Pastior klar, wie wenig sein Schütteln des anagrammatischen oder palindromischen Siebs, wie wenig das, was als Fund in ihm hängen bleibt, mit den Ergebnissen naturwissenschaftlicher Experimente zu tun hat, mit den *Funden*, den Entdeckungen, die dort gemacht werden? Der Unterschied besteht nicht nur darin, dass der Begriff des Experiments in den Naturwissenschaften ganz anders gefasst wird, sondern auch darin, dass jegliche Funde oder Entdeckungen in einer Naturwissenschaft nur im Hinblick auf eine bestimme Theorie interessant sind; dass sie selbst, als einzelne, überhaupt keinen Wert oder Sinn haben. – Welche Theorie aber soll sich mit den palindromischen oder anagrammatischen Sinn-Funden, die doch selbst das Ziel der Pastior'schen «Wissenschaft» zu sein scheinen, verbinden lassen?

In diesen Horizont eines Positivismus passen übrigens auch die wissenschaftlichen Metaphern, mit denen Pastior seine eigenen Arbeiten reflektierend umkreist: Es sind Termini aus der Neurologie (*Synapse*) aus der Mathematik (*Fraktal*), der Medizin (*Bifurkation*), der Biologie (*Rhizom; Myzel*) und der Physik (*Entropie*), also auch solche, die häufig in populärwissenschaftlichen Zusammenhängen vorkommen.

*

Jene Aufwertung der sinnlich wahrnehmbaren Aspekte der Sprache fällt mit Blick auf die literarische Moderne umso leichter, als sie in Übereinstimmung mit ihr geschieht: Zum einen erscheint in dieser Tradition das sinnlich Wahrnehmbare als das positiv Gegebene und insofern Verlässliche, zum anderen, und manchmal im Widerspruch dazu, auch als ein Ort der Freiheit, der Unschuld; dann wird es, in einer Art von Sprach-Rousseauismus, als wilder, paradiesischer Ort dargestellt. Für Raoul Hausmann etwa ist es ein Ort, von dem eine alles regenerierende gesellschaftliche Revolution ausgehen soll, für Hugo Ball ein mystischer Ort, ein schöpferischer Ursprung der Welt. Jedenfalls lässt jene Aufwertung den semantischen Sinn zum Schein werden, zum Uneigentlichen oder Täuschenden der Sprache. Der Sinn wird bestenfalls zur angemessenen Metapher für das tatsächlich Präsente, eben für das sinnlich Wahrnehmbare selbst. (Das ist einfach die Umkehrung des Gewohnten, das auch allzu selbstverständlich für angemessen gehalten wird.)

Wenn in Pastiors Werk das Gesellschaftsrevolutionäre auch fernliegt, so ist in ihm doch etwas von der Vision eines paradiesischen (Sprach)Zustands zu spüren. Und aus dieser Quelle speist sich wohl das manchmal übersprudelnd Fröhliche, der leichtsinnige semantische Weltuntergang, das leichtfertige und heitere Vorführen der «Metaphysik im Augenblick ihres Sturzes» (Adorno), das seine besten Texte auszeichnet. Und in seinen *Frankfurter Vorlesungen* sagt es Pastior selbst (auch wenn sich der positivistische Zug mit der Metapher von der «hymenoplastischen Operation» in das zweifelnd anvisierte Paradies mischt): «[…] ein naives Modell, womöglich, einer ursprünglichen Unschuld, dem ich da anhänge, zweifelnd anhänge; als sei eine Paradiesessprache doch noch machbar, wiederherstellbar durch hymenoplastische Operationen am Sprachleib der Erkenntnis, am Erkenntnisleib der Sprache.»

Nein, ich übersehe und überhöre nicht das, was die Konzentration auf Buchstaben oder Laut, aber auch die semantische Freiheit oder gar Anarchie auslösen können; ich will nicht leugnen, dass damit Vergnügen, Lust und eine Art von Befreiung von den üblichen Wahrnehmungszwängen, auch von Sinn-Wahrnehmungszwängen verbunden sein kann (wie es ein allerdings zum Klischee verkommener, modernistischer Rezeptionstopos will). Und auch für meine Begriffe gibt es einige Arbeiten Pastiors, vor denen meine Einwände, wenn überhaupt etwas, dann sehr wenig zählen: *Fleischeslust* etwa, aber auch die Petrarca-Übertragungen und auch manche der *Gedicht-Gedichte*.)

Und dennoch ist es die selbstverständlich positive Bewertung des sinnlich Wahrnehmbaren und jener semantischen Anarchie oder Freiheit, die zu meiner Kritik an Teilen von Pastiors Werk führt. Ist diese Kritik gerechtfertigt, dann zeigt sie vielleicht, dass auch die literaturgeschichtliche Zeit vergeht. Denn dann ist es auch diese Vergänglichkeit, die in Pastiors Werk aus dem einst genuinen kunstrevolutionären oder mystischen Impuls ein manchmal allzu harmloses Vergnügen macht, das Vergnügen, in einem sprachlichen Schlaraffenland die Lust am Sprachoralen zu befriedigen, ein Vergnügen, das nicht selten regressive Züge hat und manchen seiner Texte auch so etwas wie humorige Munterkeit verleiht, eine etwas forcierte Lustigkeit, einen Zug von schmunzelnder Blödelei oder gar von verbosem Leerlauf.

*

Allerdings – und damit schränke ich meine Kritik an dieser oberflächlichen Lust oder Lust an der (Sprach-)Oberfläche ein und berühre einen weiteren literaturhistorischen Hintergrund der Texte Pastiors –, diese Art von Umgang mit dem Material der Dichtung, also mit der Sprache, ist heute nicht nur unüblich, sondern das Gewicht eines solchen Umgangs ist von der meisten Literatur nach 1945 nie angemessen empfunden und literarisch fruchtbar gemacht worden. Im Zusammenhang mit einer durchaus mangelhaften und provinziellen Rezeption des Modernismus und mit der entsprechenden Literaturgeschichtsschreibung – vielleicht sind deshalb grosse Teile der gegenwärtigen Literatur und ihrer Rezeption nicht nur «postmodern», sondern zugleich auch prämodern – ist das, was an Sprache diese Lust bereiten kann, hintangehalten worden. So herrschte und herrscht eine einseitige Ablehnung der sprachlichen Oberfläche; Klang und Schrift wurden und werden nicht hinreichend als eigenständige sinnformende Parameter wahrgenommen. Die Analyse des sinnlich Wahrnehmbaren der Sprache und das Aufstellen von Spielregeln, die auf einer solchen Analyse fussen, wird kaum betrieben, im Gegenteil mit Misstrauen betrachtet, ja als Labordichtung und (falscher) Avantgardismus denunziert. Im Sinn jener Tendenz oder Kraft, die ich der analytischen gegenüberstelle und *synthetisch* nenne, wurde und wird die sinnlich wahrnehmbare Seite der Sprache und die Regeln, die auf deren Analyse beruhen, als etwas empfunden, das die Poesie nicht wesentlich ausmacht bzw. nichts Wesentliches über sie aussagt. Man beruft sich dafür auf alles an der Sprache, was nicht sinnlich wahrgenommen werden kann, vor allem auf das, was als jenseits der Sprache angenommen wird: nämlich auf deren – zumeist philosophisch bewusstlos unterstellte – Gegenstände oder Zusammenhänge. Und damit nimmt man zugleich selbstverständlich an, dass die Spielregeln, die auf einer Analyse des sinnlich Wahrnehmbaren an der Sprache beruhen, einem Verstehen unterzuordnen sind, das sich in erster Linie auf solche jenseitigen Dinge oder Zusammenhänge bezieht.

Sehr bezeichnend – und auch Stoff für eine Einsicht von meiner metaphysischen Wolke aus – sind hier Auseinandersetzungen, die schon in den fünfziger und sechziger Jahren zwischen häufig als avantgardistisch oder experimentell klassifizierten Schriftstellern und anderen, gemäßigt modernen, stattgefunden haben. Eine dieser Auseinandersetzungen ist in den *Akzenten* 1/1961 dokumentiert. Dort findet sich ein Aufsatz von Günter Grass, in dem er schreibt: «Jedes gute Gedicht ist ein Gelegenheitsgedicht. Jedes schlechte Gedicht ist ein Gelegenheitsgedicht; nur den sogenannten Laborgedichten ist die gesunde Mittellage vorbehalten: nie sind sie ganz gut, nie ganz und gar schlecht, aber immer begabt und interessant.»

Die dann folgende Beschreibung seiner eigenen dichterischen Methoden ist bezeichnenderweise nichts anderes als eine ins Alltägliche und Selbst-Ironische heruntergestimmte Variante des Glaubens an das Genie und den Einfall: «Sobald ich das Gefühl habe, es liegt wieder mal ein Gedicht in der Luft, vermeide ich es streng, Hülsenfrüchte zu essen und fahre oft, obgleich mich das teuer zu stehen kommt, sinnlos sinnvoll mit dem Taxi, damit sich jenes in der Luft liegende Gedicht löst …»

In derselben Nummer der *Akzente* ist eine Diskussion aufgezeichnet (zwischen Günter Grass, Walter Höllerer, Franz Mon, Helmut Heissenbüttel, Peter Rühmkorf, Harald Hartung und dem Publikum). In ihr wendet sich Grass gegen das, was er als *serielle Dichtung* bezeichnet. Gemeint ist damit nicht unmittelbar ein Gegenstück zur seriellen Musik, denn die Rede ist nicht davon, dass die einzelnen Parameter in einer solchen Dichtung analysiert und dann determinierende Regeln aufgestellt werden, welche die Elemente der Analyse verknüpfen sollen und dann auch die Parameter selbst, sondern die Rede ist von Dichtung, die in Serien hergestellt wird, so dass in einer Reihe von Texten jeder für jeden anderen stehen kann. Aber zwischen dem Seriellen im Sinne der seriellen Musik und diesem Seriellen im Sinne einer Serie besteht doch ein Zusammenhang. Denn gerade die Analyse von sprachlichen Parametern und das Aufstellen von Verknüpfungsregeln innerhalb der Parameter und zwischen ihnen erlaubt, in einem klar abgegrenzten Spielraum verschiedene Lösungen zu suchen, Lösungen, die alle immerhin gemeinsam haben, denselben Regeln zu folgen und insofern als Serie betrachtet werden können. Mit anderen Worten: Diese Analyse, dieses Aufstellen von Verknüpfungsregeln ermöglicht systematisches Arbeiten.

Auch wenn jene Diskussion diesbezüglich nicht explizit wird, so ist es doch auch dieses Systematische als Folge des Geregelten, das Grass' (und, wie sich in der Diskussion zeigt, auch Rühmkorfs und Hartungs) Misstrauen erregt und die Metapher vom «Laborgedicht» provoziert.

Der Einfall dagegen (als säkularisierte Variante der Inspiration), der dem Labordichten entgegengesetzt und positiv bewertet wird, ist weder analysierbar noch wiederholbar, ist er doch etwas, das einem zustösst, etwas, dem man unterworfen ist. Zugleich soll diese Unanalysierbarkeit und Nichtwiederholbarkeit bezeugen, dass die Poesie, die auf Einfällen beruht, über alles Regelhafte hinausgeht. Und so soll auch der auf solchen Einfällen beruhende Text ein Einzelstück sein, gewissermassen ein Individuelles (also ein im Wortsinn Unteilbares oder Unanalysierbares; gleichsam das geniale Objekt als Gegenstück zu seinem genialen Erzeuger). *Ganz gut* oder *ganz und gar schlecht* kann für Grass wohl auch deshalb nur ein nicht-serielles Gedicht sein, weil ihm entweder Individuation gelingt oder eben nicht. (Tertium non datur. – In diesem Bild gibt es nichts *mehr oder weniger* Individuelles; hier mag auch die romantische Gleichsetzung von poetischem Text und Organismus untergründig mitsprechen.)

Doch in jener Diskussion wird deutlich, dass Grass, Rühmkorf und Hartung, die Advokaten der *synthetisch* genannten Kraft oder Tendenz, jeglichem Seriellen bzw. Systematischen noch aus einem anderen Grund misstrauen: Das Systematische wird unmittelbar mit Materialbegriff und Analyse im positivistischen Sinn zusammengedacht, während zugleich unterstellt wird, ein solcher Materialbegriff und eine solche Analyse verhindere, dass der Text sich «konkret» auf aussersprachliche Realität bezieht. (So als ob die Buchstaben vor Augen die tausend Stäbe sein müssten, hinter denen es keine Welt gibt! Hier spielt die von mir synthetisch genannte Kraft oder Tendenz, die sich auf Dinge oder Ereignisse jenseits des Sprachlichen zu beziehen beansprucht, mit einem bestimmten Realismusbegriff zusammen, der das *Konkrete* = Wirkliche immer nur dort sieht, wo die Sprache nicht ist.)

Wenn auch Helmut Heissenbüttel und Franz Mon in jener Diskussion für meine Begriffe klarer argumentieren, wenn ihr theoretisches Niveau auch höher sein mag als das ihrer Kontrahenten, so ist deren Misstrauen gegen das prädeterminierende Regeln bzw. gegen das Serielle oder Systematische dennoch nicht völlig sinnlos oder völlig verfehlt. Einmal abgesehen von dem auch für mich vorhandenen Zusammenhang mit dem Positivismus (aus dem ich aber andere Schlüsse ziehe) und abgesehen auch von dem einschüchternd totalitären und häufig szientifischen Gestus, mit dem bestimmte Vertreter der Avantgarde bzw. der experimentellen Literatur aufzutreten beliebten (ein Gestus, der missverständlich ist und zur Polemik herausfordern musste): Das Korn Wahrheit, das jenes Misstrauen enthält, besteht darin, dass ein Regelbegriff, der zu eng gefasst wird (und dazu verleiten gerade Regeln, die auf dem sinnlich Wahrnehmbaren der Sprache fussen), nicht tief genug greift. Man kann mit gewissem Recht unterstellen, dass dagegen Einfälle, Intuitionen gerade wegen ihrer Un- analysierbarkeit (und damit auch Nicht-Wiederholbarkeit) Hinweis dafür sein können, dass ein gleichsam tieferliegendes System von Beziehungen in einem Text wirksam wird. Was als Systematik explizierbar ist (und sich deshalb als Serie gleichartiger Einzelstücke zeigen kann), ist immer gefährdet, zu oberflächlich zu regeln, und es zeitigt tatsächlich sehr häufig das Resultat allzu oberflächlicher Regelung.

Wenn es um Dichtung geht, dann ist eine Systematik, die sich explizieren und auf Regeln bringen lässt und zugleich die jeweilige Dichtung wesentlich ausmachen oder Wesentliches über sie aussagen soll, eben mit hoher Wahrscheinlichkeit eine, die nicht der ästhetischen Mühe wert ist. Eine solche explizierbare Systematik macht aus der Dichtung, um mit Kafka zu sprechen, eine *künstliche Aufgabe*, die lösbar ist, aber deren Lösung gerade wegen der Künstlichkeit der Aufgabe nicht dafürsteht; eine solche Systematik macht, könnte man auch sagen, ein Spiel aus der Dichtung, aber eines, auf dem nicht mehr genug steht. In Kafkas ausweglos-paradoxaler Zuspitzung gilt aber andererseits auch, dass, wenn auch die Lösung natürlicher Aufgaben dafürstünde, diese eben insofern unlösbar sind, als sie natürlich sind. – Da sie gar nicht mehr sinnvoll als Spiel gemäß bestimmten Regeln begriffen werden können, können sie keinerlei Erkenntnis hervorrufen.

*

Man kann aber Kafkas ausweglosem Paradoxon die Spitze abbrechen, indem man es als negative Formel einer ästhetischen Utopie für das Hervorbringen von Kunstwerken begreift, in denen das Verhältnis zwischen natürlichen und künstlichen Aufgaben erst durch die Kunstwerke selbst bestimmt wird.

Nimmt man ausserdem an, eine gleichgewichtige Entfaltung aller für sie wesentlichen Parameter sei ein Ziel der Poesie, genauso wie es ein Ziel der seriellen Musik ist – ein Ziel, das so formuliert, selbst nur ein Gleichnis ist; ein mögliches Bild für etwas; denn was *gleichgewichtig* wäre, das lässt sich nicht allgemein festlegen, das ist, zum Beispiel, von historischen Umständen abhängig –, und gibt man zugleich zu, dass Analyse und prädeterminierende Verknüpfungsregeln für wesentliche Parameter einer Dichtung (wie Grammatik, Semantik und nicht-sprachliche Gegenstände) nicht gleichermassen, ja nur in sehr verschiedenem Sinn möglich sind, dann erfahren die Begriffe der Analyse, der Prädetermination oder der Spielregel eine bezeichnende Veränderung: Sie werden selbst übertragbar, enthalten alle denkbaren Möglichkeiten, sie zu begreifen. – In Kafkas Termini: Sie können den ganzen Raum zwischen natürlichen und künstlichen Aufgaben enthalten.

Jene Übertragbarkeit erlaubt, den Begriff der Spielregel bzw. jenen der Prädetermination nicht allein von Analysen abhängig zu machen, die – eben insofern sie das sinnlich Wahrnehmbare an der Sprache zum Gegenstand haben – relativ deutungsunabhängig sind. Vielmehr wird jener Begriff auch durch die Entfaltung der Parameter bestimmt, die nur in einem weiteren oder schwächeren Sinn, nämlich im Zusammenhang mit bestimmten Deutungen, als Geregeltes analysiert werden können. Und wird damit nicht jede Beschreibung von Spielregeln bzw. von Prädeterminationen – auch die Beschreibung jener, die auf sinnlich Wahrnehmbarem beruhen – zu einem Bild für einen möglichen Umgang mit dem Text bzw. für eine mögliche Deutung des Texts?

Mit anderen Worten: Die Ordnung, die eine tatsächliche Dichtung entdeckt oder erfindet, liegt so tief, dass jene Spielregeln oder Prädeterminierungen, die (scheinbar) klar beschreibbar sind (die die sinnlich wahrnehmbaren Seiten der Sprache betreffen), und jene Regeln, die es nicht sind, aufeinander bezogen werden, nämlich in einem Prozess, der ihre Abhängigkeit voneinander so entwickelt, dass ihr Zusammenhang als notwendig erscheint und zugleich den Begriff der Spielregel bzw. der Prädetermination selbst weiter und weicher fassen lässt.

Der Utopie eines durch den und in dem Text sich erst darstellenden Verhältnisses zwischen natürlichen und künstlichen Aufgaben folgend kann sich also erst während des Schreibens oder Lesens bzw. innerhalb einer Deutung eines bestimmten einzelnen Texts herausstellen, was in welchem Sinn als geregelt oder determiniert erscheint. Als Paradoxon formuliert: Die dem ganzen Gedicht, nämlich allen Parametern und ihrem Zusammenhang zugrunde liegenden Spielregeln bzw. Prädeterminierungen würden sich erst am Ende, als Resultat seines Schreibens oder Lesens herausstellen; dieses Ende wird aber nur in einem pragmatischen Sinn des Wortes erreicht, nicht aber in dem umfassenden Sinn, der im Begriff der Literatur enthalten ist.

Es ist dieses Paradoxon, das wiederum den Ort der Intuition oder des Einfalls bezeichnet. Man kann sagen (und insofern Grass recht geben), der Einfall sei das, was den Mangel ausgleicht, der darin besteht, dass man nicht alles (oder besser: sehr wenig) voraussehen bzw. prädeterminieren kann, wenn man auf die Regeln oder Prädeterminierungen aus ist, auf die es ankäme. Und das lässt wiederum den Schluss zu, dass man, wenn man allzu viel oder gar alles voraussieht, aller Wahrscheinlichkeit nach nichts mehr voraussieht, das der Mühe des Voraussehens wert wäre.

Was aber Grass in seiner betont hausbackenen und pragmatischen Darstellung nicht hinreichend zu bedenken oder zu erfahren scheint: zum einen die Frage, ob es in der Literatur nicht überhaupt, in einem wie weiten Sinn auch immer, um Systematisches geht; ob nicht wenigstens diese Möglichkeit verfolgt werden muss, um zu Recht der Literatur den Anspruch auf Erkenntnis zubilligen zu können; und ob also eine Poesie, die sich selbstverständlich damit zufrieden gibt oder sich gar noch etwas darauf zugutehält, über alles Regelhafte hinauszugehen, also eine natürliche Aufgabe zu sein, nicht sich selbst, ihr Bestes, genauso verfehlt wie eine, die sich mit einem allzu engen oder oberflächlichem Regelbegriff zufrieden gibt, also damit, eine künstliche Aufgabe zu sein.

Und zum anderen übersieht Grass offenbar, dass die Sprache, als das missachtete Systematische oder Künstliche, gleichsam hinterrücks zuschlägt und die angeblich jenseits des Sprachlichen konkret vorhandene Gegenständlichkeit zu einer Konvention verkommen lässt, der man gerade deshalb verfällt, weil man sich des Systematischen oder Geregelten der Sprache, ihrer Eigenmacht, nicht hinreichend bewusst ist. Grass – diesbezüglich repräsentativ für die meiste deutschsprachige lyrische Dichtung seit 1945 – steht da womöglich für jene synthetische Kraft oder Tendenz, die, aufgrund mangelnder Analyse, determinierenden Regeln folgt, ohne hinreichend davon wissen zu können.

Dichter wie Grass (und das sind die meisten Dichter) scheinen die Möglichkeit nicht zu bedenken, dass das, was sie als Einfall empfinden, durch mehr oder weniger stark vorgegebene Regelmäßigkeiten bedingt sein könnte; dass hinter dem Einfall ein bestimmtes, wenn auch unreflektiertes, in seiner Systematik nicht in den Blick gebrachtes Welt- und Sprach-Bild stehen könnte, das aber doch in den Blick gebracht werden sollte. So als ob das, was Grass euphorisch *Gelegenheit* und *Einfall* nennt, nicht gerade der Dieb sein könnte, der die Poesie ihrer selbst genauso beraubt, wie die Gelegenheiten, die Umstände oder Zwänge alltäglicher Verständigung es doch beinahe überall und jederzeit tun.

*

Wenn Günter Grass in jener Diskussion einer modernen, vorgeblich nüchternen Variante des Genieglaubens folgt und die ganze Poesie dem Einfall, den Gelegenheiten, dem Nicht-Determinierbaren unterordnet, so verhält sich das bei Pastior anders und komplizierter: In seinem Werk und in seinen Reflexionen zur Poesie zeigt sich häufig ein Widerspruch zwischen der nüchternen, analytischen, quasi-positivistischen und experimentellen Behandlung der sinnlich wahrnehmbaren Parameter der Sprache und dem Glauben daran, dass die konsequente Behandlung dieser Seite allein den Anspruch an poetischem Sinn erfülle oder schon für den (vor allem für den semantischen oder für den gegenständlichen) Sinn sorgen werde. Denn in diesem Punkt ist Pastior mindestens so geniegläubig wie Grass, wenn dieses Genie jetzt auch den Namen *Sprache* trägt, deren zum Beispiel durch Laut oder Buchstabe hervorgerufener Eigenbewegung, deren Schalten und Walten er in hohem Maß vertraut.

Meine Kritik an bestimmten Zügen von Pastiors Werk behauptet also nicht, dass er alles in der Poesie für regelhaft hält, sondern, dass seine Poesie allzu deutlich und einfach zwischen dem Regelhaften und dem Ungeregelten unterscheiden lässt; dass in seinem Werk häufig positivistisch verstandene Analyse bzw. Systematik (das Künstliche) und das Resultat des Glaubens an das selbsttätige Genie der Sprache (das Natürliche) unvermittelt aufeinandertreffen oder dass – wenn die sinnlich wahrnehmbaren Parameter von Sprache nicht strengen Regeln unterworfen werden (wie zum Beispiel in *Der Krimgotische Fächer*) – das in allzu vielen Beziehungen Ungeregelte selbst dominiert.

Ich habe schon erwähnt: Diese Haltung verengt den Begriff der Regel selbst allzu sehr. Ihm eignet dann eine Wörtlichkeit, die mit dem Materiellen der Sprache zusammenhängt, eben mit dem, was jenem Positivismus gemäß als unmittelbar gegeben vorausgesetzt wird. Bestimmte Aspekte von Dichtung, etwa die Grammatik oder das Semantische, aber auch der Bezug auf Gegenständliches, erscheinen dann ohne weiteres als vergleichsweise Ungeregeltes und Unregelbares. So als ob Dichtung nicht auch diesbezüglich aufs Ganze zu gehen und jene Aspekte in ihre Konstruktion einzubeziehen hätte; so als ob nicht auch jene Aspekte wesentliche poetische Parameter darstellen sollten, selbst auf die Gefahr hin, dass nicht mehr klar ist, was Begriffe wie *Analyse, Regel* oder *Konstruktion* unabhängig von einem bestimmten Umgang mit bestimmten Texten bedeuten.

Es ist dieser allzu eng gefasste Begriff der Regel, der in Pastiors Werk die wechselseitige Übertragung der verschiedenen und verschiedenartigen Regelhaftigkeiten, die mit den verschiedenen Parametern des Dichtens verbunden werden können, nicht hinreichend erlaubt; der verhindert, dass jene Regelhaftigkeiten in ein als notwendig erscheinendes Verhältnis zueinander treten können, und der sie einander allzu äusserlich bleiben lässt.

Dennoch kann man Pastiors Literatur auch als zur Poesie gewordene Polemik oder gar als konsequente Antithese gegen die Literatur lesen, die im Mittelpunkt von Produktion und Rezeption zu stehen scheint. Pastiors Schreiben, sein grosszügiges Verwerfen (und auch Verschleudern) bestimmter Möglichkeiten differenzierter Sinnbildung, erscheint dann als eine Art Einspruch gegen die selbstverständliche Dominanz des Sinns vor der Sinnlichkeit, der angeblich selbstverständlichen Ordnung vor der angeblichen Unordnung. (Ein Widerstand, der sich in einigen Auslassungen Pastiors gegen den Realismus zeigt.) Sie ist, spezieller, als Einspruch verständlich gegen die seit 1945 dominierende Gedanken-, Erlebnis-, Stimmungs- und Gelegenheits-Lyrik, mit ihren sentimentalen und moralistischen Tief-Sinnigkeiten und ihrer aphoristisch-beschaulichen Klugheit, mit ihrem blinden Glauben an so und so gegebene nicht-sprachliche Wirklichkeiten und damit an das ontologische Gewicht des Unterschieds zwischen wörtlicher und metaphorischer Rede.

Doch wenn ich nun zu Recht behaupte, dass Pastiors Poesie sich als Polemik oder als Antithese gegen die Literatur lesen lässt, die wie selbstverständlich im Mittelpunkt der Rezeption steht, bezeichne ich dann nicht die Schwäche mancher seiner poetischen Texte auf eine andere Weise?

Ich stelle mir vor, es wäre der Alptraum für eine Literatur wie die Pastiors, wenn sie sich als die Kehrseite der Literatur herausstellte, die sie nicht ist, gegen die sie Einspruch erhebt und die sie um keinen Preis sein will. Doch vorausgesetzt, es gibt jene metaphysische Wolke, von der aus die Literaturgeschichte betrachtbar ist, und also angenommen, die Entwicklung von Literatur lässt sich überhaupt als irgendwie geordnet beschreiben: Steht dann nicht zu befürchten, dass sich eine Literatur, deren Entwicklungsgesetze oder wenigstens -tendenzen nicht hinreichend beachtet oder erfahren werden, listig und doch irgendwie vernünftig rächt, indem sie ihre unter- oder hintergründigen Wege geht, einen solchen Alptraum wirklich werden zu lassen?

H. C. Artmann und die heruntergekommene Poesie

all lust ist mir verstorben
saturnius mit seiner sensen gar
tut schneiden die rosen wunderbar
steht hinter efeu und grabstein
tut schneiden die rosen wunderbar
eine jede die er am stengel trifft
fällt troffen hin von seinem gift
will sich schier vor efeu bedecken
fällt troffen hin von seinem gift
dem vöglein zerschneid er die flügel
daß es totstürzt am grasichten hügel
will seinen flug ihm nicht lassen
totstürzt am grasichten hügel
die sensen scharf traf die liebste mein
so muß ich von ihr auch geschieden sein
ein mond ist mir worden die sonnen
zerschneid saturn mein fleischern herz
und richt mein sehnsucht himmelwärts
all lust ist mir verstorben

An diesem Gedicht (es ist eines der *Treuherzigen Kirchhoflieder*) scheint so manches schief oder verquer.

Das beginnt schon mit dem ersten Vers *all lust ist mir verstorben*. Lautete er *Alle Lust ist mir verstorben*, er liesse sich leichter sprechen, geradezu gassenhauerisch selbstsicher und einprägsam, in trochäisch-wuchtigem Auftritt. So aber – denn die ansonsten die beiden Worte verschmelzenden *l*'s verlangen, die Grenze zwischen *all* und *lust* durch ein Absetzen zu markieren – stauen sich entweder zwei Hebungen, oder die beiden Worte werden über die Wortgrenzen hinweg wie eines gesprochen; und auch in diesem Fall würde man die erste Silbe nicht ganz unbetont lassen und also schwebend betonen.

Wohl auch um des Metrums willen, das merklich werden soll, muss dem so sein: Bis auf den sechsten Vers – *eine jede die er am stengel trifft;* doch auch dessen Anfang kann als Anapäst aufgefasst werden – beginnt jeder mit einer unbetonten Silbe und deshalb wohl auch der erste. Das anfängliche Stocken zeitigt aber auch Gewinn: Denn klingt nicht um seinetwillen mit *all lust* auch die Alllust an, die Lust auf das All? Und eben dieser kosmische Anklang setzt sich im zweiten Vers fort (*saturnius mit seiner sensen gar*).

Saturnius jedoch mit seiner Sense, der Planet, der für Zeit und Vergänglichkeit steht, dieses barocke Sinnbild, diese Allegorie des rosenschneidenden Todes in einem Gedicht, das in den sechziger Jahren des zwanzigsten Jahrhunderts geschrieben worden ist! Als ob nicht spätestens seit dem jungen Goethe die Personifikationen mit ihren Attributen in der lyrischen Dichtung abgewirtschaftet hätten. Und überdies die Rede von der Rose – kaum etwas Abgegriffeneres, Welkeres scheint denkbar in einem Gedicht als Rosen, und schon gar eine Rose, die für die verstorbene Geliebte steht (*die sensen scharf traf die liebste mein*). Überhaupt alle die Versatzstücke, die abgekartete Friedhofszenerie, das Kulissenhafte insgesamt, mit *efeu*, *grabstein* und *hügel*.

Und seltsam verschlissen und unzeitgemäß auch, im zweiten Vers, das Füllwort *gar* (*saturnius mit seiner sensen gar*); noch dazu an exponierter Stelle, am Versende und als Reimwort. (Denn *gar* bedeutet hier nicht «sogar»; oder jedenfalls nicht schlüssigerweise.) Volksliedhaftes wird so evoziert, und mit ihm sich der Reimnot verdankende Reime. Zudem reimt sich *gar* auf *wunderbar*, es ist also ein semantisch leerer Reim. Und semantisch ebenso leer und auch so banal wie abgegriffen reimt sich *herz* auf *himmelwärts*. Das Wort *wunderbar* jedoch, mit der wie lange ausatmenden letzten Silbe am Schluss eines Verses klingt ein wenig nach Matthias Claudius (*der weiße Nebel wunderbar*). Dieser wahrhaft *treuherzige* Volksliedton zieht sich durch das ganze Gedicht: *tut schneiden* heisst es etwa im dritten Vers, und auch die Elisionen *troffen, zerschneid, worden, richt*, der Diminutiv *vöglein* und das nachgestellte Pronomen in *die liebste mein* tragen zu diesem Eindruck bei.

Nun stammt das Gedicht aus einem Band von Pastiche-Gedichten. Und ein Pastiche ist per definitionem Nachahmung eines Vorgegebenen und steht deshalb unter seinem eigenen Gesetz. Doch sind diese Pastiche-Gedichte kennzeichnend für Artmanns Werk ingesamt, das als Erweiterung, ja Universalisierung der Idee des Pastiche verstanden werden kann. Viele seiner Gedichte reden in fremden und vorgefundenen oder auch in erfundenen Zungen, sind gewissermassen Nachahmungen von Gedichten aus möglichen literarischen Welten.

Umgekehrt ist das zitierte Gedicht nicht ausschliesslich ein Pastiche: ahmt es auch ein vergangenes literarisches Zeitalter nach, so doch nicht ohne innere Widersprüche. Denn schief oder quer stehen einige Eigenschaften des Gedichtes nicht nur gegen die Zeit, in der es geschrieben worden ist, sondern auch gegeneinander.

So gehört manches an dem Gedicht in das zwanzigste Jahrhundert, erinnert stark an dessen modernistische, ja avantgardistisch-experimentelle

Traditionen: Die durchgehende Kleinschreibung etwa oder die Abwesenheit von Satzzeichen; aber auch das kalkuliert Repetitive der Kombinatorik, das kunstvolle Abwechseln und raffinierte Ineinandergreifen der Motive und die Wiederkehr bestimmter Verse wirken in diesem Sinne und offenbaren deshalb jenes Volksliedhafte wie auch das Unzeitgemäße als künstlich und zweifelhaft.

Und auch bestimmte einzelne Worte, Formeln und Wendungen lassen daran zweifeln: etwa die seltsame Formel *ein mond ist mir worden die sonnen* (ohne das Wie des Vergleichs, ohne Wenn und Aber gewissermassen), die in einem Gedicht vor der zweiten Hälfte des 19. Jahrhunderts sehr unwahrscheinlich ist und zudem die Verfremdung durch die scheinbar grammatikalisch falsche Endung von *sonnen* hörbar macht. Dieser Vers lässt sich deshalb auch als asyntaktisch lesen, doch auch deshalb, weil die in ihm enthaltene Inversion syntaktische Ambiguität nahelegt. (Was ist hier Nominativ und was hier Akkusativ? Die Zeile allein lässt das nicht erkennen.)

Und steht nicht auch das grausam-krasse *fleischern herz* (*zerschneid saturn mein fleischern herz*) – in dem der Fleischer so deutlich zu hören ist – quer zu manchen anderen vormodernen Registern des Gedichtes? Ebenso wenig wohl wäre das kühne Verb *totstürzen* – eine Neubildung aus dem Geläufigen *zu Tode stürzen* – im achtzehnten Jahrhundert in einem Gedicht denkbar (überdies ist es nicht-reflexiv gebraucht), eher schon im Zusammenhang expressionistischer Lyrik. Im Vers *dem vöglein zerschneid er die flügel* aber wird ein so surreal-phantastisches wie preziöses Moment fühlbar, das im leisen Streit mit dem Volksliedton liegt. Denn der Tod müsste seine Sense schon ungewöhnlich hoch und treffsicher schwingen, um dem *vöglein* im Flug die *flügel* zerschneiden zu können, so dass es *am grasichten Hügel totstürzt*.

Und vielleicht gehört zu diesen Verrückungen oder Verfremdungen, aber auch zu jenem Gebrauch von Abgegriffenem oder Zerschlissenem auch das Konsequenzlose eines Motivs: denn dass die Sense des Saturn, dass der Tod *giftig* ist (*fällt troffen hin von seinem gift*), wird nicht wieder aufgegriffen. Das Motiv verdankt sich also vielleicht wieder vor allem dem Reim oder auch einem möglichen (hier aber fernliegenden) Attribut des Todes, der den Giftbecher reicht (kommt *troffen* hier auch ein wenig von *triefen*?), jedoch dann nicht oder nicht ohne weiteres zugleich der mit der Sense schneidende sein könnte. Und wäre dann dieses wie beliebige Zugreifen auf Topoi bzw. Sinnbilder nicht deren beliebiger Verfügbarkeit geschuldet und deshalb nicht selbst ein Moment jener Distanz zu ihnen?

Auch in dem folgenden Gedicht scheint manches auf beliebiger Verfügbarkeit zu beruhen und daraus einige komische Wirkung zu gewinnen:

als die dunkle nacht
wie schaum in den gärten zerfiel,
als der frühe hahn
wie eine rote zunge den tag traf,
als ich die augen wieder aufschlug
meinem mädchen zugewendet,
fragte ich: wie kann es sein,
wie kommt es, dass nun schon
so der tau glänzt
und ist doch die sonne
noch brusttief hinter den bergen?

und die erste der lerchen,
liebes kleinod der felder,
warf ihre stimme,
eine münze aus der höhe des himmels,
uns zu:
geht hinaus an den schimmernden bach!
geht hinaus zu den rieselnden weiden!
und wir liefen zu bach und zu weiden
und sahn die erwachsenden nester
und sahn zwischen welle und kiesel
wie sich die forelle durchtrug
und über der brücke fanden wir
die koppeln der pferde und rinder,
aufgescharrt die braune erde,
schöne zeichen der nächtlichen hufe,
ein zerwühltes bett unter flieder
und atmendem geißblatt..

den feuchtgrünen klee küßten wir,
den süßen der fröhlichen blätter;
drei mal schneller schlug mir
das blut meiner freunde,
ein ganz lichter morgen,
lerchendurchpfeilt,
rund in dem tal einer aufgegangenen sonne,
als ich heute mit meinem mädchen
unsre festung verließ..

Als die dunkle nacht / wie schaum in den gärten zerfiel. Lässt sich dieser An-
fangssatz des Gedichtes als Darstellung eines Vorgangs innerhalb unserer
gewohnten Wirklichkeitsannahmen begreifen? Lässt sich etwa ohne weiteres
annehmen, in dem Satz sei eine sinnliche Wahrnehmung dargestellt? Na-
türlich kann man für jeden Satz eine plausible Erklärung finden, vereinbar
mit dem, was wir als wirklich annehmen. Das liegt am Verstehen und an der
Sprache, an der Weise, in der diese beiden Momente zusammenspielen. Stellt
man sich jedoch einen sinnlich wahrnehmbaren Vorgang vor, dann wäre die-
ser eher als phantastisch oder surreal zu begreifen, als aus einer Wirklichkeit
stammend, die anderen als den uns gewohnten Gesetzen folgt, solchen etwa,
die durch eine *science fiction* dargestellt werden könnten.

Wie Schaum also zerfällt die Nacht? Wie schwarzer Schaum? Vielleicht
gleichsam als schwarze Nebelmilch der Frühe? Und Schaum in *Gärten*? Die
Gärten und der schwarze Schaum, da ist ein Widerstreit fühlbar. So eignet
dem Satz nicht nur etwas Surreales oder Phantastisches, sondern auch et-
was Schauerromantisches. Mit diesem wohl schwarzen Schaum der Nacht
zerfällt auch etwas Gespenstisches oder Albtraumhaftes. Ist der Satz also
besser als Darstellung eines, sagen wir, Seelenzustandes zu verstehen denn
als Darstellung einer phantastischen oder surrealen Wahrnehmung? Und
vielleicht wird die Nacht und ihr Albträumen auch abgetan, ja abqualifi-
ziert, etwa wenn man annimmt, in die Formel spiele das geläufige *Träume
sind Schäume* hinein.

Jedenfalls haben diese Verse etwas Gesuchtes und spektakulär Auftrump-
fendes. Sie wollen poetisch sein, poetischen Effekt machen. Und dieses Effekt-
volle mag auch mit dem konzeptionellen Übergewicht des involvierten Bildes
zusammenhängen und verleiht diesem etwas Reproduzierbares. Man kann
sich deshalb auch leicht Alternativen vorstellen, Alternativen ähnlicher Plau-
sibilität und ähnlicher Unbestimmtheit: die dunkle Nacht, die wie Schweiss
oder wie eine Säure oder wie kalter Kaffee zerfloss, oder die dunkle Nacht, die
wie ein Stück Kohle, wie Asche, wie ein Hut zerfiel usw.

Dass das Surreale oder Phantastische wie auch das Gespenstische oder
Albtraumhafte hier vor allem als Ergebnis einer bewussten Suche, ja eines
kombinatorischen Kalküls erscheint und kaum als glücklicher Fund aus den
Tiefen eines kollektiven Unbewussten glaubwürdig wird, lässt es auch in
Zusammenhang mit barocken Verfahren verstehen: Ein guter Teil barocker
Dichtung verkörpert oder illustriert Begriffe oder Ideen in Bildern, die, da
sie in Hinblick auf jene Begriffe oder Ideen entschlüsselbar sein sollen, als
Sinnbilder erscheinen. Die Triftigkeit und die Überzeugungskraft dieser

Bilder will weder in erster Linie an empirischen oder gewohnheitsbedingten Wirklichkeitsvorgaben gemessen werden, noch an ihrer Überzeugungskraft als Emanation eines Unbewussten, sondern viel mehr an der Schlüssigkeit jener Verkörperung oder Illustration.

In Artmanns Gedichten überschneiden sich diese beiden ästhetisch verschiedenartigen und aus unterschiedlichen literarischen Epochen stammenden Momente häufig darin, dass das prätendierte Unmittelbare des Surrealen oder Phantastischen einer es destruierenden Kombinatorik ausgeliefert wird, während andererseits das, was dazu einlädt, als bildhafte Verkörperung oder Illustration von Begriffen oder Ideen gelesen zu werden, surreal oder phantastisch wirken kann, da der Schlüssel fehlt, jene Begriffe oder Ideen verbindlich zu rekonstruieren.

Was in jenen Anfangsversen jedenfalls merklich wird, ist die mögliche Mechanik oder Kombinatorik der Erzeugung solcher Bilder und deshalb ihr untergründig Abgekartetes. In dem Bild selbst wird sein vergleichsweise simples Erzeugungsprinzip fühlbar und damit dessen möglicher inflationärer Gebrauch. Auf die Beliebigkeit oder Willkürlichkeit des Bildes wird also durch es selbst hingewiesen und damit auf das längst Historische und Wohlfeile des Lautréamont'schen Gesetzes vom Zuammenfinden einer Nähmaschine und eines Regenschirms auf einem Seziertisch. Durch die Mechanisierung oder auch Barockisierung seines Surrealismus, seiner Phantastik macht das Gedicht (das wird in seinem Verlauf deutlicher) ironisch, ja parodierend die Lyrik der fünfziger und sechziger Jahre hörbar, eine damals verbreitete domestizierende Adaption des Surrealismus. Nicht nur beim frühen Celan, sondern auch bei Ingeborg Bachmann findet sich diese Art von Bildern, dieser Surrealismus aus zweiter Hand, der seine formalistische Kombinatorik und damit seine barocken Züge unter existentialistischem Pathos verbirgt. (Ingeborg Bachmann: *der Finsternis schwarze Flocken beschneiten dein Antlitz.*)

Die nächsten beiden Verse – *als der frühe hahn / wie eine rote zunge den tag traf* – haben die grammatikalische Form und den Wie-Vergleich mit den ersten beiden gemeinsam; doch diese Gemeinsamkeit verdeckt einige Unterschiede.

Das phantastisch-Surreale ist hier, wenn auch vorhanden, weniger vordergründig als in dem Bild von der *dunklen nacht, die wie schaum in den gärten* zerfällt. Denn der Satz *als der frühe hahn / wie eine rote zunge den tag traf* ist weniger leicht in eine phantastische, doch kohärent vorstellbare Wahrnehmung übersetzbar. Während es naheliegt, für die *dunkle nacht* einfach die Dunkelheit zu setzen, so dass deren Zerfallen zu Schaum als, wenn auch phantastische, Wahrnehmung, vorstellbar ist, liegen die Dinge im zweiten Satz komplexer: Der Hahn ist ein *früher hahn*, ein morgendlicher Hahn wohl. Das Temporaladverb wird jedoch normalerweise nicht als gegenständliches Attribut gebraucht, deshalb ist dieser Gebrauch betont poetisch, nämlich eine (metonymische) Übertragung, und zugleich unanschaulich.

Überdies soll der *frühe hahn* den Tag *wie eine rote zunge* treffen. Nun hat der Hahn eine Zunge, doch ist diese nicht eines seiner charakteristischen Merkmale. Charakteristisch wäre wohl eher der Kamm des Hahns, der noch dazu häufig rot ist wie der Morgen. Vielleicht ist da also eine Verschiebung von einem Teil des Hahns zu einem anderen involviert; und diese wäre nicht zufällig oder willkürlich. Denn es geht in jenem Bild wohl auch um den Hahnenschrei. Man kann hier also eine komplexe Synästhesie herauslesen: Der Hahnenschrei ist rot (eine schreiende Farbe), er ist eine rote Zunge – da schiessen das Morgenrot und der Hahnenschrei (und vielleicht auch der Hahnenkamm) zusammen –, und die Zunge schnellt heraus und trifft den Tag. Das Bild enthält auch, untergründig, Alarmierendes, etwas von einer Feuermeldung: Der rote Hahn, der am Dach kräht, das heisst auch: es brennt; es ist, wie man auch sagt, Feuer am Dach. Dieses Alarmierende weist zurück auf das Unheimliche, Gespenstische und Albtraumhafte, das, wie die ersten beiden Verse sagen, eben erst zerfällt.

Vielleicht ist aber die Zunge auch der Hinweis darauf, dass der Hahn etwas mitteilt, dass er in seiner Hahnensprache schreit, was dann, wie der nächste Vers – *als ich die augen wieder aufschlug* – suggerieren mag, in Übereinstimmung mit den ersten beiden Versen, zur Traumsphäre gehörte.

Damit, dass in diesem einzigen Ausdruck Verdichtungen und Verschiebungen komplex ineinandergreifen, metonymische (*zunge* steht für Sprache oder für den Kamm*)* und metaphorische (der *frühe Hahn* ist *wie* eine *rote Zunge*) Verfahren, evoziert dieser Vers modernistische Schreibweisen oder Traditionen: semantische Ballungen, Assoziationscluster, die vieles zugleich sagen lassen. Auch darin und nicht nur wegen des Hahns und der möglichen Synästhesie, der schreienden roten Farbe, erinnert das Bild an Verse Clemens Brentanos, der zu Recht als einer Vorläufer jener Schreibweisen oder Traditionen gilt. In *Wenn der lahme Weber träumt* etwa, einem der berühmtesten Gedichte Brentanos, ist von *Schmerzschalmeien* die Rede.

Im Unterschied zum ersten Bild (dem Zerfallen der dunklen Nacht in den Gärten) ist das zweite nicht ohne innere Zirkularität. Denn der frühe Hahn, der *wie eine rote zunge* ist, ist doch, plausibler Lesart zufolge, selbst der Tag bzw. das Morgenrot. So träfe im roten Hahnenschrei der frühe Tag den frühen Tag, der Tag also sich selbst. Der *frühe hahn*, diese Formel, ist zudem einigermassen pleonastisch. (Denn da gerade erst der schwarze Schaum der Nacht zerfällt, ist ohnehin klar, dass vom frühen Morgen die Rede ist). Zirkularität und Pleonasmus sind Aspekte davon, dass dem Satz, dem Bild insgesamt etwas so Hohles wie Aufgedonnertes, ja halb Unsinniges eignet, das deutlich auf sein Willkürliches und Unangemessenes verweist. Pleonasmus und Zirkularität unterminieren das Bild, seine Glaubwürdigkeit, setzen es gleichsam unter Anführungszeichen und lassen seinen stilistischen und historischen Ort erahnen. Darin hat es manches mit dem ersten Bild des Gedichtes gemeinsam, mit der *dunklen nacht, die wie schaum in den gärten zerfiel.*

Folgenreich für den weiteren Verlauf des Gedichtes sind nun weniger die beiden immerhin verwandten Register, mit denen dieses Gedicht so aufwendig, ja geradezu grossspurig und bombastisch anhebt, sondern eher die subtile und vielfältige Unterminierung und Sub-, ja Perversion ihrer eigenen stilistischen Mittel bzw. der Schreibweisen oder Traditionen, denen sie sich verdanken.

Denn der Ton des doppelten Anfangs wird schon im nächsten Vers (*als ich die augen wieder aufschlug*) verlassen und kaum mehr aufgenommen. Das hat jedoch einige Logik für sich, wenn man annimmt, die beiden Anfangsvergleiche gehörten noch einer Traumsphäre an, die ihre Bildhaftigkeit (im ersten Vergleich) und das exzessive Verschieben und Verdichten (im zweiten Vergleich) rechtfertigten. Allerdings stünden diese Vergleiche dann in paradoxem Verhältnis zu dieser Sphäre selbst: Denn sie signalisierten viel auffälliger ihr Gesuchtes oder Künstliches und damit Bewusstheit als das meiste dessen, was in dem Gedicht folgt. So verweisen die ersten vier Verse vielleicht eher auf eine bestimmte Vorstellung, ja auf eine bestimmte Theorie des Traums als auf den Traum selbst. (Auch das könnte zum Selbstunterminierenden dieser Verse gehören).

Mit dem fünften Vers – *als ich die augen wieder aufschlug* – wird jedenfalls ein anderer Ton angeschlagen, und mit ihm beginnt der Tag erst so wirklich; die exzessive Metaphorik auf engstem Versraum, die Verschiebungen und Verdichtungen sind dann verlassen.

Es sei das Gedicht hier weder in seinem ganzen Verlauf nachgezeichnet, noch als Ganzes gedeutet. Nur auf einige seiner Eigenschaften sei hingewiesen, auf bestimmte Momente, in denen Schreibweisen und Traditionen dekonstruiert werden.

So beginnt die zweite Strophe mit dem Vers *und die erste der lerchen.* Es heisst hier eben nicht: die erste Lerche, sondern die *erste der lerchen*; feierlicher, bedeutungsvoller (noch dazu den Raum eines ganzen Verses beanspruchend), aber auch sinn-verschiebend. Denn *die erste der lerchen,* das erinnert an Formeln wie *der erste der Menschen* oder *der erste der Dichter*; man könnte also denken, dass hier eine besonders hochgestellte Lerche zu singen beginnt. Das enthält einen auffälligen und komisch wirkenden Anthropomorphismus (menschlich-soziale Hierarchien werden auf nicht-menschliche Natur projiziert). Und diese Komik beruht wesentlich darauf, dass der Vers dennoch temporal verstanden werden kann – als ob nur von der ersten morgendlichen Lerche die Rede wäre. Dazu kommt die Sprichwörtlichkeit des Lerchengesangs in Liebeszusammenhängen – und es handelt sich ja auch hier um ein Liebesgedicht –, man denke etwa an das zum geflügelten Wort gewordene *Es ist die Lerche, nicht die Nachtigall,* aus Shakespeares *Romeo und Julia.* Wie schon in den ersten beiden Versen wird auch hier ein Spiel mit dem Anachronismus und mit dem poetischen Klischee getrieben.

Dieses zwiespältige Spiel wird im nächsten Vers unmissverständlich: Denn da wird diese Lerche *liebes kleinod der felder* genannt, sehr treuherzig, sehr traulich sozusagen und in einigem Widerspruch zu ihrer feierlichen Evokation *als erste der lerchen.* Spätestens an diesem Punkt kann kein Zweifel mehr am Ironischen, ja auch Komischen und Parodistischen dieses Gedichtes bestehen. Der Vergleich der Stimme der Lerche mit einer Münze (*warf ihre stimme, / eine münze aus der höhe des himmels, / uns zu*) lässt so in seiner Unanschaulichkeit, aber auch in seiner etwas haltlosen Grossartigkeit und in seinem konzeptuellen Überhang, in seinem Preziösen und seinen synästhetischen Konnotationen noch einmal an den *frühen hahn* denken, der *wie eine rote zunge traf.*

In den Versen *geht hinaus an den schimmernden bach! / geht hinaus zu den rieselnden weiden!* wird die Naivität weiter forciert und eben damit blossgestellt: Die Lerche (das Wappentier der Liebenden) ruft den Liebenden etwas zu. Denn so ist die Poesie seit Orpheus: sie versteht die Sprache der Tiere; und so bleibt die Poesie, wenn sie kindlich sein will und uns Märchen erzählt.

Die Attribute des Bachs liessen sich bezeichnenderweise auch vertauschen: ebenso gut könnte vom *rieselnden bach* die Rede sein und von den *schimmernden weiden.* So gut verständlich, orphischer Dichtereigenschaften zum Trotz, ist die Lerchensprache eben doch wieder nicht. Und es kommt hier auch nicht darauf an: die Lerche *singt* eben (wie man meist unbemerkt metaphorisch zu sagen pflegt), und das motiviert vielleicht die Gleichgültigkeit der Bedeutungen und auch die liedhafte Wiederholung der Aufforderung an die Liebenden. Für sich genommen, klingt diese Aufforderung, bedingt durch die Form der direkten Rede, der *ersten der lerchen*, dem *lieben kleinod der felder* in den Schnabel gelegt, märchenhaft naiv. Doch kaum ist die direkte Lerchenrede beendet, hat sich der Ton des Gedichtes schon wieder verwandelt: das Gedicht erzählt jetzt im Imperfekt, nicht ohne untergründiges Pathos und Feierlichkeit, in syntaktisch parallelen, also anaphorischen Sätzen: *und wir liefen zu bach und zu weiden / und sahn die erwachsenden nester / und sahn zwischen welle und kiesel / wie sich die forelle durchtrug.* Hier geistert wieder die Lyrik der fünfziger und sechziger Jahre, wenn auch diesmal nicht deren Tendenz zum Surrealismus. Denn da ist ein prosaischerer, aber durchaus pathetischer und, mit seinem *wir* (auch wenn es nur die beiden Liebenden umfassen mag), existentialistischer Ton angeschlagen.

Es ist die Nachahmung oder Darstellung dieses Tons, die den Vers *wie sich die forelle durchtrug* hervorbringt. Er ist halb unsinnig; jedenfalls ist schwer auszumachen, was mit ihm gemeint sein könnte: Denn was tun Forellen, wenn sie sich *durchtragen*? Keine plausible gegenständliche Vorstellung liegt nahe, und deshalb wird die Formel als solche deutlich und blossgestellt. Ihre reflexive grammatikalische Form wird merklich und was mit ihr anklingt: Man bringt sich durch (man überlebt). Und erkennt man den Vers als dekonstruierende Nachahmung, dann wirkt seine schwerblütige Ernsthaftigkeit ausserordentlich komisch – und scheint wiedererkennbar: In der *Gestundeten Zeit* Ingeborg Bachmanns etwa, in dem Gedicht *Abschied von England*, gibt es gravitätische Formeln, die an jenen Vers erinnern: *von meinen Tränen begossen, hieltst du die Gräser satt* beispielsweise oder in, Artmanns Versen vergleichbarer, Anthropomorphisierung (im Gedicht *An die Sonne*): ... *und den Vogel oben / der seinen Flug überlegt.*

Ähnlich untergründig aufgedonnert und in ihrem Pathos wiederum an die Lyrik der fünfziger und sechziger Jahre erinnernd und diese parodistisch dekonstruierend, wirkt auch die Formel *die erwachsenden nester* im neunten Vers der zweiten Strophe. Das liegt nicht zuletzt an dem prätentiösen Attribut mit seinem Mehrfachsinn: Nester werden grösser, während sie gebaut werden, in diesem, schon übertragenen Sinn wachsen sie und sind so verstanden auch irgendwann er-wachsen (wie sonst nur Menschen).

All diese Anspielungen auf eine vergangene, literarische Moderne werden jedoch (von den Anfangsversen einmal abgesehen) vom Firnis eines mittelalterlichen oder minnesängerischen Tableaus überglänzt, der sie halb verbirgt. Das Gedicht spielt in einem fiktiven Minnegesangs-Mittelalter, in einer pastoralen und von jeglichen Zeichen des Modernen, etwa des Industriellen, unberührten Natur. In diesem Sinn ist es, wie *all lust ist mir verstorben*, ein Pastiche. Doch wird der Begriff des Pastiche nicht einigermassen überanstrengt, jedenfalls erweitert, wenn er ein Gedicht bezeichnen soll, das mehrere literarische Zeitalter oder Schreibweisen nachahmt und aus so verschiedenartigen Anklängen zusammengesetzt ist?

*

Es gibt auch Gedichte H. C. Artmanns, die, anders als die zitierten, nicht auf den ersten Blick anachronistisch wirken bzw. als Nachahmung vergangener literarischer Zeitalter. Sie scheinen, im Gegenteil, dezidiert modernistisch, nämlich das Ergebnis von Verfahren oder Techniken zu sein, die sie als Gedichte der zweiten Hälfte des zwanzigsten Jahrhunderts kenntlich machen, ja als jenen poetischen Strömungen zugehörig, die häufig *avantgardistisch* oder *experimentell* genannt wurden.

Doch auch wenn Artmanns Gedichte einmal auf den ersten Blick modern wirken, stellt sich sogleich jenes untergründige Sub- oder Pervertieren, jene Destruktion unter der Hand ein, die auch die auf den ersten Blick aus vergangenen literarischen Zeitaltern stammenden Gedichte auszeichnet. Nur wird diesmal das angeblich Moderne oder Zeitgemäße destruiert oder wenigstens relativiert. Beispiele dafür finden sich vor allem in den Bänden *Landschaften* und *Flaschenposten und erweiterte Poesie*. Dort klingt beispielsweise ein Gedicht, das vielfach asyntaktisch und assoziativ ist (und diesbezüglich modernistisch), zugleich wie eine Travestie auf germanische Zaubersprüche (*weiß deins gebein / myrthe blau beere / himmel ein sein*), und ein Lautgedicht, das von Schwitters sein könnte, trägt den Titel *ginevra verrät sich im schlaf und der könig artus antwortet ihr mit einem gedicht*, wird also König Artus und damit einer sagenhaften Vergangenheit in den Mund gelegt.

So scheint Artmann auch dann, wenn er zeitgenössische, ja modernistisch-experimentelle Techniken oder Verfahren anwendet, diese ihrerseits als längst historisch gewordene zu behandeln. Auch in diesen Texten wuchern wiederum die alten Bilder und Motive, heraldische Symbolismen oder sakrale und sprachmagische Anklänge, so dass nicht nur die vormodernen, sondern auch die modernistischen Züge gleichsam unter Anführungszeichen gesetzt werden.

Ein Beispiel dafür sei etwas genauer betrachtet:

die sonne ist ein neues haus
du schreibst es
es ist morgen
wir halten unsre hände durch
die offnen fenster

die grille stellt ihr uhrwerk
du schreibst es
es ist morgen
der tag legt ein blaues kleid
in unsrem garten zurecht

oh wie ist die rose kühl noch
du schreibst es
es ist morgen
die falter hüllen ihre flügel
in seidenpapier noch

jedes wort kommt aus der rose
du schreibst es
es ist morgen
wie schön die blätter so blatt
um blatt zu erwarten

und ein genau gehälfteter apfel
du schreibst es
es ist morgen
vielleicht daß der lerche ihr
flug ihn wieder bindet

Dieses Gedicht ist sogleich als Gedicht aus der zweiten Hälfte des zwanzigsten Jahrhunderts zu erkennen. Nicht nur der Abwesenheit von Satzzeichen und der Kleinschreibung von Substantiven wegen, sondern vor allem dadurch, dass hier am vernehmlichsten die aus den Nachkriegsjahrzehnten aus einer Unzahl von Gedichten bekannte und geläufige prosaisch-karge Nüchternheit spricht. Denn das Gedicht besteht aus einfachen Hauptsätzen, die, was ihre Grammatik angeht, aus einem Sprachlehrbuch stammen könnten.

Dazu kommen die charakteristischen Zeilenbrüche, das wiederkehrende Enjambement, als ein Moment dessen, was so unklar, ja paradox *freier Vers* genannt wird: *wir halten unsre hände durch / die offnen fenster; der tag legt sein blaues kleid / in unsrem garten zurecht*, oder, noch krasser, in den Versen *wie schön die blätter so blatt / um blatt zu erwarten*

Anders als in den zitierten Pastiche-Gedichten entsteht das diesem Gedicht Unzeitgemäße, der Bezug auf vergangene literarische Zeitalter, ja deren Nachahmung gleichsam *gegen* diesen Haupteindruck. Das poetische Versatzstück *lerche* etwa, diese Allegorie der Poesie selbst, unterminiert das prosaisch Nüchterne der Syntax und verweist auf poetisch Vergangenes. Ebenso die *rose* und der in der Poesie des zwanzigsten Jahrhunderts kaum ernsthaft gepflogene Ausruf Oh (*Oh wie ist die rose kühl noch*); auch das Preziöse und gesucht Poetische des Vergleichs *die falter hüllen ihre flügel in seidenpapier noch* erinnert an eine vormoderne Poetik, die noch zwischen poetischen und nicht poetischen Gegenständen unterscheidet. Doch gerade dieser Satz bezeugt auch die Distanz zu jener vormodernen Ästhetik: Denn das Zusammenfinden zweier Poetismen, zweier poetischer Zartheiten, des *schmetterlingsflügels* und des *seidenpapiers* in einem einzigen Satz bedeutet eine eklatante Übererfüllung einer Konvention des Poetischen und deshalb deren Blossstellung oder Dekonstruktion. Und dafür sprechen auch die schrankenlose Phantastik dieses Bildes, dem, alltäglichen Wirklichkeitsbegriff vorausgesetzt, keinerlei Plausibilität eignet, und das deshalb nichts anderes als poetisch sein kann, wie auch die Verse *der tag legt ein blaues kleid / in unsrem garten zurecht*, die allzu ostentativ poetisch sind, um sich nicht selbst als abgegriffene Münze zu denunzieren.

Wird dieses Wechselspiel zwischen Zeitgemäßem und Unzeitgemäßem und zwischen verschiedenen Stilregistern einmal deutlich, dann gewinnt die wiederkehrende Formel (*du schreibst es*) zentralen Sinn. Sie eröffnet sowohl die modern-zeitgemäßen – erinnert sie doch an die in der Modernen fast zu Tode gerittene Reflexion auf die Sprache oder auf den Vorgang des Schreibens – als auch die unzeitgemäßen, jener Modernität widersprechenden Aspekte des Gedichtes. Denn bedeutet dieses *du schreibst es*, dass das aufgeschrieben wird, was geschieht? Oder bedeutet es, dass *nur* aufgeschrieben wird, so dass es also gar nicht geschieht, oder nur als Aufgeschriebenes?

Beides ist möglich, und beide Möglichkeiten werden durch bestimmte Momente des Gedichtes nahegelegt: etwa auch durch die Zweideutigkeit der Verse: *wie schön die blätter so blatt / um blatt zu erwarten*, die nicht zufällig im Unklaren darüber lassen, welche Blätter hier erwartet werden: die Blütenblätter der Rose oder die Blätter, auf die geschrieben wird.

Und so gehört es zu dem schönen Schweben dieses Gedichtes zwischen Verschiedenem, auch zwischen verschiedenen literarischen Zeitaltern, dass der Vers *jedes wort kommt aus der rose*, eben im Zusammenhang mit dem zweideutigen *du schreibst es*, die, sagen wir, vormoderne poetologische Ansicht, dass die Worte die Dinge selbst aussprechen, sowohl bestätigen kann (wenn man das, was der Fall ist, aufschreibt), als auch widerlegen könnte (wenn man das, was da behauptet wird, nur schreibt; so dass die Rosen in einem Gedicht eigentlich nur aus dem Wort *rose* kommen; in Anspielung vielleicht auf das zum Gemeinplatz gewordene Wort Gertrude Steins *a rose is a rose is a rose*). Zeitgemäßes oder Modernes und Unzeitgemäßes oder Vormodernes kreuzen sich in jener Formel auch insofern, als deren Wiederkehr sowohl als ein nüchtern-reflektierendes Sich-Selbst-Ins-Wort-Fallen gehört werden kann wie auch als beschwörende Litanei (also als eine sakrale Urform des Poetischen).

Auch der regelmässige Bau der Strophen und die Wiederholung von Worten, Motiven und Zeilen, die dem Prosaisch-Nüchternen entgegengesetzt sind, gehören zu dem Widerspruch zwischen Zeitaltern und Poetiken, der in diesem Gedicht offenbar wird.

Und wie seltsam, verquer und halb unsinnig oder agrammatisch das Gedicht endet!: *vielleicht daß der lerche ihr / flug ihn wieder bindet.*

Das klingt einerseits so, als ob sich das Agrammatische mancher Modernismen hier selbst bezeichnen wollte, andererseits auch so, als ob die Grammatik des Wiener Dialekts herbeizitiert würde. Ob das Gedicht damit zum Schluss kommt, dass sich seine Poesie, ja seine Sprachlichkeit dem Zweifel oder gar einer Art von Lächerlichkeit ausliefert?

*

Ist die Sonne der Poesie untergegangen, dann gehen ihre Monde auf: Gestirne, deren Widerschein sich einer unsichtbaren Lichtquelle verdankt; H. C. Artmanns Poesie ist eine solche indirekte Poesie geborgten Lichts, eine Poesie nach ihrem Untergang. Kaum etwas Wahres ist deshalb an dem Rezeptionsklischee, das Artmanns Werk als letzte Poesie eines letzten Poeten versteht oder gar als insularen Widerstand gegen die moderne, prosaische Welt begreifen will. Artmanns Dichtung lässt, wenigstens in seinen besten Gedichten, nicht auf einen Dichter schliessen, der *dennoch* und in donquijoteskem Wahn auf die Poesie als auf ein Absolutes setzt, auf ihre Substanz etwa, ihre metaphysische Erkenntnisfähigkeit; Artmanns Poesie ist keineswegs spät oder gar zu spät gekommen; im Gegenteil ist sie eines der zahlrei-

chen zeitgemäßen Zeugnisse einer in der Moderne stark wirksamen, ja seit
ihren Anfängen epochemachenden Erfahrung: Was einst als poetisch gelten
konnte, ob nun unter dem Gesichtspunkt vorbestimmter Vokabularien,
poetischer Techniken oder Verfahren, poesiegeeigneter Motive oder Gegen-
stände, besass für die Dichtung des zwanzigsten Jahrhunderts nicht mehr
ohne weiteres Gültigkeit. Die poetische Sprache, die rhetorischen Figuren
und Mechanismen, die Regeln und Vorschriften, die Gattungen und Genres,
die Vers- und Strophenformen standen noch zur Verfügung, aber sie bedeu-
teten nichts mehr oder wenigstens nicht mehr das, was sie einmal bedeutet
haben. Diese Erfahrung, deren sprachskeptisches Moment Artmann mit
seinen Freunden der *Wiener Gruppe* teilte, kann – wie auch die Dichtungen
von Achleitner, Bayer, Rühm und Wiener zeigen – zu verschiedenartigen
Reaktionen führen; und das Spezifische von Artmanns Dichtung ist in der
Art seiner poetischen Antwort auf diese so empfundene Lage zu finden.
Diese Antwort fügt sich in eine Reihe anderer ein und wird im Vergleich
und im Verhältnis zu anderen Antworten verständlicher.

Ernst Jandls Poesie etwa antwortet auf andere und dennoch vergleich-
bare Weise, insbesonders in jenen Gedichten, die in einer, wie sie häufig
genannt wird, *heruntergekommenen Sprache* reden. Auch Jandls Poesie
mag von der Erfahrung der Verschlissenheit, Missverständlichkeit und
Beschädigung der (poetischen) Sprache, ihrer Entfremdung ausgehen.
Doch gerade aus dieser Verfassung gewinnt Jandl etwas anderes und dies
auf unvorhergesehene Weise:

abendglanz

kommen wieder schon weg deren tagen
sein schon wieder der sonnen verschwunden
sein aber noch ein abglanz ein abendglanz
dass ich immer noch sehen ohne den elektrischen lichten
sehen was?
sehen was sehen ich nicht magen tu
aber immer noch mehr gut als schauen in spiegeln
wo den fratzen ich sehen den anspucken ich tu

Aus der Not der Beschädigung entsteht die Möglichkeit neuartiger Kon-
struktion; Sprachlosigkeit schlägt um in eine neue Sprache, die ihre Ge-
genstände angemessen darstellen soll. Die Sprache ist wieder Ikone ihres
Gegenstandes, sie wird aufs Neue in Kraft gesetzt, auch wenn sie ihre Ge-
genstände nur mehr auf bestimmte Weise darstellen kann, und vielleicht
auch nur mehr bestimmte Gegenstände. Nicht anders verhält es sich etwa

auch in der Prosapoesie Elfriede Jelineks. Der alltägliche oder auch literarische Sprachschutt und Phrasenmüll werden zu einer wahren Gerümpelplastik aufgetürmt, eben dies aber wird als adäquate Darstellung jener verlorenen und verdorbenen, ja, infernalischen Welt nahegelegt, heisse diese nun *Österreich, Hölle* oder die *Neue Kronenzeitung.*

Doch der zweite Schritt, der Vorgefundenes zerlegt und auf neue Weise zusammenfügt, um angemessen darzustellen, unterbleibt in der Poesie Artmanns in hohem Mass.

Ist Artmanns Poesie also das Zeugnis eines Traditionalismus, der sogar noch die ihm zeitgenössischen Verfahren erfasst und diese auf die überlieferten und vergangenen bezieht?

Auch dieses Klischee der Artmann-Rezeption birgt wenig Wahres. Nicht mehr Wahres jedenfalls als ein im Wortsinne oberflächlicher Begriff von Tradition erlaubt. Denn Tradition haben, das hiesse doch eigentlich, mit den und durch die überlieferten Formen und Ästhetiken deren produktive Kräfte aufzuspüren und zu verwandeln. Und dieser Begriff von Tradition setzt Kontinuität und Kommensurabilität, ja eine Tiefenordnung und -entwicklung kultureller Zeiträume voraus. Artmanns Dichtung jedoch ist die implizite Negation eines Kulturbegriffs, der innere Logik oder Entwicklung der Künste erlaubt und der verlangt, Substanz in einer Dialektik von Bewahren und Verwandeln zu erhalten. Denn in Artmanns Poesie wird Tradition vor allem auf Formen, ja auf Reize reduziert. Diese Formen, diese Reize werden ausgestellt, sie sind der Mond, der die untergegangene Substanz der poetischen Sonne reflektiert. Doch wie geschickt diese gesuchte Oberflächlichkeit so etwas wie Gehalt oder Tiefe vortäuscht, wie verfänglich und verführerisch diese Oberfläche ist; wie durch sie das immer noch irgendwie vertraute Poetische, so wie es uns überliefert scheint, evoziert wird! Das Wohlfeile, das Heruntergekommene ihrer eigenen Mittel verbirgt Artmanns Poesie, wenn auch nicht gänzlich (sonst wäre sie nichts als epigonal oder auch nur Parodie), sondern, wie in dem zitierten Gedicht, in so feinfühliger wie aufspürbarer Weise. So wird in dieser Poesie eine subtile Subversion in Szene gesetzt. Man wird zu ihr verführt, auf dass man die Zeichen der Zeit erkenne; im besten Fall wird man dazu gebracht, die Naivität der eigenen Wirklichkeits- oder Welterfahrung zu begreifen: das Trugbild einer Erfahrung, die eigentlich keine mehr sei.

Nein, Artmanns Gedichte haben eigentlich keinen Gegenstand oder, wie man hier besser sagen würde, *haben* ihre Gegenstände in geringem Maß;

oder wenn sie doch einen Gegenstand in hohem Maß haben, dann nur den, keinen haben zu können.

Keine Verzweiflung aber wird darüber fühlbar, kein Drama wird daraus gemacht und auch kein geheimnisumwitterter Ernst. Der Inhalt dieser Poesie ist vor allem ihre Form und die Tatsache, dass dem so sei; und dennoch ist da nichts vom Hautgoût eines Ästhetizismus à la Huysmans oder George, nichts vom Eingeweihtenstolz auf raffinierte, der Menge unzugängliche artistische Genüsse. Artmanns Verse sind vor allem leichtsinnige Kratzfüsse, Verbeugungen oder Handküsse; hier wird durch Blumen gesprochen, doch, was durch Blumen spricht, das, worum hier poetische Kränze geflochten werden, das ist so viel, so wenig wie nichts. Ein Austausch graziöser Höflichkeiten (doch ohne Hof) oder von Grobheiten und Deftigkeiten (doch ohne Ziel und Zweck, sich selbst überlassen), von Posen aller Art (die einander in den Arm fallen oder auf den Arm nehmen), von Floskeln und Formeln findet statt, die, wie subtil verschleiert auch immer, fühlen lassen, dass sie Floskeln und Formeln sind. Diese Poesie prätendiert auf das Hohe, ja manchmal auf ihre Hoheit, auf ihr königliches Amt, doch pocht sie zugleich schön verstimmt auf dessen Hohlheit; sie überlässt sich dem Niedrigen oder Trivialen, doch enthebt sie es aller seiner sozialen Schwerkräfte. Denn mit nichts unter ihrer Sonne, das heisst, unter ihrem Mond, soll da Sinn-Staat zu machen sein. Es soll ja überhaupt nichts dahinter sein, keine Welt hinter den tausend Buchstaben, hinter ihrem zierlichen und anmutigen Selbstvergnügen, ihrem zeremoniellen Tanz.

Und worin bestünde dann der Wert dieser Dichtung? Zum einen darin, dass ihre Leere – die diejenige aller Welt sein soll und also auch die der Poesie – so anmutsvoll, so glänzend arrangiert ist, dass dieses Nichtige wie von selbst unausweichlich und universell zu werden scheint, evident und ubiquitär. Und zum anderen darin, dass diese Leere geradezu begehrenswert und anziehend wird; kaum einmal schien das Sinnlose und Substanzlose verführerischer, ja köstlicher; kaum einmal hat eine Dichtung sich selbst und damit auch uns souveräner und heiterer der Leere anheimgegeben. Nirgendwo sonst ist das Nichts ein frischer Wind, der all das zu versprechen scheint, was die Worte nicht halten wollen.

Zum Verhältnis von Religion zur Poesie in der Dichtung Christine Lavants

VORBEMERKUNG

Christine Lavants Gedichte stellen den in der deutschsprachigen Literatur der zweiten Hälfte des zwanzigsten Jahrhunderts, wenn nicht einzigartigen, so doch äusserst seltenen Fall eines lyrischen Werks dar, das ästhetisch zu überzeugen vermag, obwohl es durch das Christentum wesentlich bestimmt ist und sich häufig auf dieses explizit bezieht.

Die christliche Religion ist jedoch nur ein Moment der, um ihretwillen erstaunlichen, Überzeugungskraft jener Gedichte im zeitgenössischen Kontext. Ein anderes – und hier mag man eine untergründige Übereinstimmung mit dem Bezug auf das Christentum sehen – besteht in ihren für die Moderne so ungewöhnlichen poetischen Mitteln. In einem Nachwort zu einer Auswahl aus Lavants lyrischem Werk schreibt Grete Lübbe-Grothues: «Weder der Sprachbehandlung noch dem Thema nach zeigen diese Gedichte dem ersten Blick zeitgenössisch vertraute Züge. Distanz, Parlando, Lakonismus, Ironie, literarische Allusion, syntaktische Experimente, Reduktion, Montage, Ausweitung des Vokabulars auf alle Textklassen – alle diese Stichworte der Moderne charakterisieren Christine Lavants Lyrik nicht.»

Mittlerweile ist jene Fremdheit vielleicht geringer geworden, denn Reim und Metrum und manchmal auch – Lakonismus, Distanz und Ironie konterkarierend – Pathos oder gar das Erhabene sind in die Lyrik zurückgekehrt. Die zitierte Charakterisierung der Lavant'schen Gedichte selbst aber bleibt angemessen, wenn sich einem zweiten Blick auch zeigen mag, dass die Stichworte Reduktion, Ironie und Distanz sehr wohl auf sie zutreffen können. Denn ihr Vokabular ist einigermassen reduziert, insofern es elementar und einfach ist und manche Wörter und Wendungen in verschiedenen Gedichten und Zusammenhängen verwendet werden; und Ironie wie Distanz – ich werde es anhand von Beispielen im Einzelnen zu zeigen versuchen – scheinen mir doch wesentliche Aspekte vieler Gedichte zu sein, so sehr sie andererseits auch auf eine traditionelle Evokation des Pathetischen vertrauen mögen.

Das Aussergewöhnliche und Fremde der Lavant'schen Gedichte im zeitgenössischen Kontext und ihr dennoch ästhetisch Überzeugendes ist das eine Motiv für meine Auseinandersetzung mit dem Verhältnis von Religion und Poesie in ihnen.

Das andere besteht darin, dass sich über die Jahre hin und durch mein eigenes Schreiben das Gefühl (ich wage nicht, von einer Einsicht zu sprechen) verstärkt hat, Religion und Poesie – zu beider Gedeihen oder beider Verderben – hätten wesentliche Eigenschaften gemeinsam, so dass diesen nachzuforschen für die Erkenntnis beider Bereiche fruchtbar sein könnte. Zunehmend will mir scheinen, dass Religion und Poesie selbst wie auch das Unverständnis und die Gleichgültigkeit beiden Bereichen gegenüber, ja der Widerwillen gegen beide (der allerdings im Fall der Poesie oft gar nicht eingestanden wird), auf eine ihnen gemeinsame Wurzel schliessen lassen. Vielleicht trifft Paul Claudel einen Aspekt jener Gemeinsamkeit, wenn er schreibt: «Was Voltaire und seine [...] modernen Nachfahren im Grunde stört, sind weniger die Wahrheiten, die in der Bibel aufgezeichnet sind, als die malerische Pracht der Geschichten, die dort erzählt sind, und die Sprache, in die sie gekleidet sind. Dante und Shakespeare verursachen ihnen keinen geringeren Schrecken, auch sie sind ‹überspannte› und ‹dunkle› Autoren.» Doch manches spricht auch für die gegenteilige Meinung. Arthur C. Danto etwa erwähnt das bekannte negative Urteil über die literarischen Qualitäten der Bibel und zitiert einen Apologeten aus dem zweiten Jahrhundert, der gerade die angeblichen literarischen Mängel der Heiligen Schrift als Garanten für ihre Wahrheit ansieht: «Als ich mit der grösstmöglichen Ernsthaftigkeit nach der Wahrheit suchte, stiess ich zufällig auf gewisse barbarische Schriften [...] und die Schlichtheit ihrer Sprache bewog mich, ihnen Glauben zu schenken.» Folgt man diesem ästhetischen Urteil, wäre es dann, wenn überhaupt etwas, nicht eher die Art des Wahrheitsanspruchs, die Religion und Poesie gemeinsam sein könnte? Und wie, wenn es die für einen Gutteil der modern-säkularen Weltanschauung so selbstverständliche prosaische Nüchternheit und die mit ihr einhergehende Dominanz des sogenannten gesunden Menschenverstandes wären, die die Poesie wie auch die Religion in ein und dieselbe Distanz rückten, von der aus sowohl ihre Sprache als auch ihre Wahrheiten als Dunkles oder Überspanntes erscheinen, das Gleichgültigkeit, Widerwillen oder gar Schrecken erregt?

> Gedichte sind gemalte Fensterscheiben!
> Sieht man vom Markt in die Kirche hinein.
> Da ist alles dunkel und düster,
> Und so sieht's auch der Herr Philister:
> Der mag dann wohl verdrießlich sein
> Und lebenslang verdrießlich bleiben.

> *Kommt aber nur einmal herein!*
> *Begrüßt die heilige Kapelle;*
> *Da ist's auf einmal farbig helle,*

Geschicht' und Zierrat glänzt in Schnelle,
Bedeutend wirkt ein edler Schein;
Dies wird euch Kindern Gottes taugen,
Erbaut euch und ergetzt die Augen!

Es ist wohl so, wie Goethe in diesem berühmten Gedicht – allerdings sehr hell und vernünftig und so ironisch wie doppelsinnig: von welcher Art von *Schein* ist hier die Rede? – zeigt und sagt, in dem Gedichte und die Religion einander entsprechen: Man muss – wörtlich oder bildlich verstanden – in der *Kapelle* sein, man muss an Religion und Dichtung teilnehmen, um etwas von ihnen zu begreifen; man muss sich ihrem schönen oder wahren Scheinen mit Haut und Haaren überlassen. Auch wenn das jenen Widerwillen oder gar Schrecken auslösen sollte, von welchen in Goethes Gedicht nichts zu spüren ist, umso mehr aber in den Gedichten Christine Lavants.

*

Da es hier vor allem um das Verhältnis der Gedichte Lavants zur christlichen Religion geht, zunächst ein Wort dazu, in welchem Sinn hier vom Christentum die Rede ist.

Bekanntlich ist das Christentum etwas Vielfältiges und Vieldeutiges, ja wohl auch etwas Widersprüchliches oder auch nur Heterogenes und jedenfalls nichts ein für alle Male Festgelegtes. Und das nicht nur insofern, als es verschiedene christliche Bekenntnisse gibt. Auch jedes einzelne dieser Bekenntnisse setzt sich aus Widersprüchlichem oder Verschiedenartigem zusammen, besteht doch ein jedes aus der Heiligen Schrift (in sich selbst widersprüchlich und heterogen; und nicht nur, was das Verhältnis von Altem zu Neuem Testament angeht), aus Theoretischem (die Geschichte der Theologie ist auch eine Geschichte widersprüchlicher Lehrmeinungen) und aus bestimmten religiösen Praktiken, sakralen Handlungen oder Ritualen (die sich verändern und auch verschiedenen Deutungen unterworfen sind).

Angesichts dieser geradezu babylonischen Lage sei das Christentum hier als das verstanden, was durch jene Glaubensinhalte bestimmt wird, die ihrerseits Bezugspunkte der Lavant'schen Dichtung sind. Nicht zufällig sind es einige der Glaubensinhalte, die häufig als für die meisten christlichen Bekenntnisse und Zeitalter zentral angesehen werden: Es gibt nur einen Gott und er ist allwissend, allmächtig und allliebend und Schöpfer des Himmels und der Erde. Der Sündenfall (die Erbsünde oder

Erbschuld) hat die Vertreibung aus dem Paradies verursacht und damit auch Leid und Sterblichkeit. Jede einzelne menschliche Seele aber ist unsterblich. Die Menschwerdung Gottes in Christus und der Opfertod Christi machen die Versöhnung der Menschen mit Gott möglich. Nicht nur der Himmel (als Ort ewiger Seligkeit) existiert, sondern auch die Hölle (die ewige Verdammnis). Die Menschen, die Christus nachfolgen, etwa Leid und Sterblichkeit – auch für andere oder anderes – auf sich nehmen, erlangen den Himmel, also ewige Seligkeit.

Der Vielfältigkeit und Vieldeutigkeit des Christentums, aber auch der Unbestimmtheit der Gedichte Lavants entsprechend, ist diese Aufzählung fragwürdig, und man könnte auch darüber streiten, welche jener Glaubensinhalte tatsächlich zentral sind und welche nicht. (Spezifisch katholische Glaubensinhalte, wie die unbefleckte Empfängnis Mariens oder die Realpräsenz Christi in der Eucharistie, ob man sie als für das Christentum im Allgemeinen zentral hält oder auch nicht, sind für die Lavant'sche Dichtung jedenfalls nicht von entscheidender Bedeutung.)

*

Der Bezug auf die christliche Religion kann im Fall von Lavants Gedichten Verschiedenartiges bedeuten; ihre Gedichte beziehen sich auf das Christentum in unterschiedlichem und auch unterschiedlich starkem Sinn.

> Jag doch den Stern mir fort,
> du meines Nachbars Hund,
> er grinst so ohne Grund!
> sag ihm ein Hundewort!
>
> Bell ihm was Böses zu,
> verjag ihn wie ein Wild,
> ich brauch kein Sternenbild,
> mein Hundstern bist jetzt du!
>
> Denkst, das genüge nicht
> für dieses schwarze Herz?
> Es findet blind den Schmerz
> und frißt ihn, bis es bricht.
>
> Hast du nicht Hunger, Hund?
> Geht, freßt zu zweit!
> Der Stern verzog sich weit
> jetzt wein ich ohne Grund.

Angenommen, dieses Gedicht stünde für sich allein und man würde weder andere Gedichte oder Texte Lavants kennen, noch wüsste man etwas von ihrer Biographie: Unter dieser Voraussetzung lässt sich feststellen, dass in dem Gedicht eine Gebärde des Trotzes gegen das dargestellt wird, was oben (der *Stern*) und angeblich das Höhere, das Geistige, vielleicht das Göttliche ist. Kraft allgemeiner kultureller Kompetenz kann aus dem Gedicht herausgelesen werden, dass das lyrische Ich jenes Höhere, Geistige oder Göttliche loswerden will, das Irdische aber trotzig auf sich nimmt, und dass am Ende des Trotzes die Verzweiflung steht (*Der Stern verzog sich weit, / jetzt wein ich ohne Grund*).

Ohne weiteres kann auch ein Widerspruch deutlich werden, der zum Reiz des Gedichts wesentlich beiträgt: der *Stern*, der oben ist, ist doch zugleich der *Grund*, der durch Trotz und Eigensinn oder einfach nur durch die Wirksamkeit des Irdischen preisgegeben wird. Denn als *der Stern sich verzogen* hat, weint das lyrische Ich *ohne Grund*, in schönem Doppelsinn dieses Wortes. (Vielleicht hat es also vergessen, dass auch die Erde ein Stern ist; es mag mit dem Stern oben auch den Stern unter seinen Füssen verloren haben.) Es ist dieser Widerspruch, der offen lässt, ob jener zornige Trotz des Ich gegen das Höhere, Geistige oder Göttliche zu Recht besteht, ob jenes Höhere tatsächlich als eine Täuschung entlarvt worden ist – *Sternbild* lässt, abwertend, Astrologie und damit auch Aberglauben anklingen –, oder ob das Ich zu Unrecht trotzt und zürnt und sich deshalb seine grund-lose Verzweiflung als Strafe gleichsam verdient.

Es geht hier nicht um eine ausführliche Deutung dieses widerspruchsvollen Gedichts, sondern nur darum festzuhalten: Liest man es im skizzierten Sinn, so kann man zu Recht behaupten, man verstehe es in wesentlichen Hinsichten. Zieht man aber andere Gedichte Lavants zum Vergleich heran, liest man es im Zusammenhang ihres Werks und ihres Lebens, dann zeigt sich: Dieser *Stern* leuchtet nicht nur als das Himmlische, Höhere oder Göttliche im Allgemeinen, er steht – als wäre er der Stern von Betlehem – wohl vor allem spezifisch für Christus bzw. für den christlichen Gott. Dann liegt die Deutung nahe, dieses Gedicht sei eines jener Lavants, die den Trotz, das Hadern der irdischen und leidenden Menschen gegen den christlichen Gott oder die christliche Religion darstellen; dann könnte es entweder den Verlust Christi oder der christlichen Religion durch unangebrachtes, trotziges Aufbegehren darstellen oder aber die (mit Verzweiflung bezahlte) Entlarvung der christlichen Religion als täuschende Illusion.

Macht diese Deutung, die es in einem christlichen Zusammenhang sieht, das Gedicht wesentlich besser verständlich als eine, die diesen nicht unterstellt? Das kann man ebenso gut bejahen wie verneinen, denn der Bezug auf die christliche Religion ist in diesem Gedicht vergleichweise schwach. Viel stärker ist er in folgendem Gedicht:

Was zeigst du mir dein Muttermal?
Ich habe dich ja nicht geboren,
mein Kindlein ward als Lamm geschoren
und heult als Wölfin durch das Tal
der neunundneunzig Peinen.
Laß du dein Mal nur scheinen
als halben oder vollen Mond,
du bleibst mir fremd und ungewohnt,
mag dich nicht anerkennen.
Das Bälgchen Erde ist mir mehr,
ich hol es durch die Nesseln her
und laß mich gern verbrennen.
Zwar frißt es mich in Bälde arm,
doch ist sein Fellchen weich und warm
und riecht wie frischgeboren.
Du laß mich ungeschoren!
Dein Mondmal ist ein Vatermal
von dem, der mir mein Kindlein stahl.

Ich paraphrasiere und fasse zusammen: Jemand wird angeredet, der sein *Muttermal zeigt*. Seine Ansprüche werden zurückgewiesen. In ihrem Zurückweisen zeigt die offenbar weibliche Redende auf ihr eigenes Kind, das durch das *Tal der neunundneunzig Peinen heult*. Das *Kindlein ward als Lamm geschoren* (ist sozusagen nicht ungeschoren davon gekommen) und *heult* vielleicht deshalb bald als *Wölfin* vor Schmerzen. Das andere «Kind», das seine Muttermale zeigt, wird nicht anerkannt. Dafür umso mehr das *Bälgchen Erde*, das wohl wiederum das eigene Kind ist. Am Ende begründet die Redende ihre Zurückweisung (*Du laß mich ungeschoren!*): Dein *Muttermal* ist ein *Mondmal*, und das *Mondmal* ist ein *Vatermal*, das Mal desjenigen, der mir mein eigenes Kind gestohlen hat.

Ist das Gedicht auch leicht nachzuerzählen, so bleibt doch ganz unklar, was diese Nacherzählung, über ihren Wortsinn hinaus, bedeutet: Was etwa bedeutet es, dass ein Du einem Ich sein *Muttermal zeigt*? Wer oder was zeigt der Redenden sein *Muttermal*, und was für Ansprüche werden mit solchem Zeigen gestellt? Was kann es heissen, dass die Redende jenes

Muttermal als *Mondmal* bezeichnet und das *Mondmal* als *Vatermal?* Und was bedeutet es, dass das *Kindlein als Lamm geschoren ward?* Und was bedeutet es dann, dass es – offenbar später, als Ausgewachsenes – *als Wölfin heult?* (Hätte eine Antwort sich auf die lateinische Wendung *homo homini lupus* und zugleich auf jene zu beziehen, in der davon die Rede ist, dass jemand *mit den Wölfen heult?* So als ob in dem Gedicht das grausame, schmerzensreiche Leben, das niemanden *ungeschoren* lässt, aus jedem einzelnen *Lamm* notwendig einen *Wolf* machte, der mit allen anderen *heulen* muss?)

Ich will diese Fragen nicht weiterverfolgen und im Einzelnen zu beantworten versuchen, doch mit ihnen im Hintergrund behaupten: Diesmal bleibt das Gedicht in hohem Mass unverständlich, wenn man es nicht auf christliche Vorstellungen bezieht, und das, obwohl die Bilder und Begriffe zunächst keineswegs besonders deutlich christlich bestimmt sind. (Mit Ausnahme, vielleicht, des Bildes vom Lamm. Doch wenn Christus auch häufig als (Opfer)Lamm dargestellt wird, steht das Lamm mindestens so sehr für das Wehrlose, Hilflose und Friedfertige, und offenbar zunächst auch in diesem Gedicht. Ausserdem ist das Lamm hier gerade nicht das Göttliche, sondern das irdische Kind und auch dessen Mutter, insofern diese fordert, *ungeschoren gelassen* zu werden.)

Erst dann, wenn man andere Gedichte Lavants und ihr Werk insgesamt betrachtet, stellt sich heraus, dass das, was in dem Gedicht angeredet wird, sehr wahrscheinlich Christus ist, und dass das *Muttermal*, das Christus zeigt, eines seiner Wundmale ist und der Anspruch Gottes bzw. Christi, das Leid der Welt zu verkörpern, zurückgewiesen wird. Das scheinbare Muttermal – doppeldeutig und deshalb ironisch heisst es da: *Laß du dein Mal nur scheinen* –, das angebliche Irdische, wird als Himmlisches entlarvt, es kommt vom Vater, es ist eigentlich ein *Vatermal*. (Hier könnte man weiter deuten, etwa fragen, ob das lyrische Ich sagen will, dass dieser Christus im Gegensatz zur irdischen Mutter das Leid der Welt deshalb nicht eigentlich auf sich nehmen könne, weil er gleichsam mit gezinkten Karten spiele, da er nicht Kreatur sei, sondern nur deren Schöpfer. Christus hätte es dann allzu leicht zu fordern, dass die Menschen friedfertig wie Lämmer sein und ihm, dem guten Hirten, nachfolgen sollten; und er hätte es auch allzu leicht zu fordern, dass der Mensch dem Menschen nicht Wolf sein solle.)

Nimmt man also nicht an, dass der *Vater* Gottvater ist und das, was angeredet wird, Christus, erschliesst man diesen christlichen Hintergrund nicht aus anderen Gedichten der Lavant, aus ihrem Werk und ihrem Leben, versteht man wenig von dem Gedicht, ja unter Umständen auch das Falsche.

Ein letztes Beispiel für den Bezug von Lavants Gedichten auf die christliche Religion:

> Ganz erblinden will ich, lieber Herr,
> auch nichts hören und die Sonne nimmer
> zu mir nehmen in den Zwielichtschimmer,
> meine Lippen mögen dürr und leer
> wie die Hälften einer Hülse klaffen.
> Wehr den Fingern das Zusammenraffen
> aller Nöte, um sie dir zu zeigen.
> Keine war im Grunde je mein eigen,
> seit ich flüchtig diesen Leib betrat.
> Nur – es dauert mir schon etwas lange,
> und so aufgeregt, wie eine Schlange
> sich zur Zeit der Häutung wohl benimmt,
> geh ich ruhlos, böse und verstimmt
> auf und nieder in dem kleinen Raum.
> Was hilft mir der Fink im Birnenbaum?
> Sinnlos reift der Sonne Morgenrose.
> Wenn ich jetzt Gebete zu dir stoße,
> ist es bloß der Seele Ungeduld,
> die den Leib als Irrtum oder Schuld
> schon zu lange mit sich schleppen mußte.
> War's nicht, daß ich einen Ausweg wußte?
> Gestern noch und fast bis Mitternacht.
> Meine Freiheit schien mir schon vertraut.
> Doch des Vogels schwacher Morgenlaut
> hat mich wieder in die Haft gebracht.

Schon die Anrede *lieber Herr*, nämlich im Zusammenhang damit, dass hier offenbar gebetsähnliche Zwiesprache mit Gott gehalten wird, aber auch Begriffe wie *Seele, Irrtum, Schuld* und *Gebet* signalisieren, dass dieses Gedicht erst angemessen verständlich werden kann, wenn man es auf das Christentum bezieht. Erst dann nehmen die Wörter die religiösen Bedeutungen an, die für das Gedicht selbst massgebend sind. Das Wort *Seele* etwa bedeutet dann etwas anderes, als bei seinem alltäglichen Gebrauch oder jenem durch die Psychologie. Und auch die Wörter *Irrtum* und *Schuld* werden in die religiöse bzw. theologische Sphäre hineingezogen. Denn *Irrtum* würde in dem Gedicht weder in seiner alltäglichen Bedeutung angemessen verstanden, noch in seiner philosophischen, speziell erkenntnistheoretischen. *Schuld* würde natürlich weder als materielle, gar pekuniäre Schuld richtig gelesen, noch etwa als Terminus eines säkularisierten Rechts.

Doch es werden nicht nur allgemeine Begriffe durch das Gedicht in die christliche Sphäre hineingezogen, sondern eben das ganze Gedicht und im Besonderen auch die bildhaften Ausdrücke wie etwa *Leib, Schlange, Rose, Vogel*. Ein *Leib* etwa, der *als Irrtum* erscheinen kann, hat auch eine andere als die alltägliche Bedeutung, und die *Rose*, von der hier die Rede ist, lässt ihre sakralen Konnotationen ebenso fühlbar werden wie etwa die *Schlange* ihre biblischen.

Ich halte fest: das Gedicht bezieht sich explizit auf die christliche Religion, sie ist das ihm auch begrifflich Vorgegebene. (Und es ist diese Ausdrücklichkeit, die es von *Was zeigst du mir dein Muttermal* unterscheidet, mag in jenem Gedicht der christliche Rahmen auch ebenso wirksam sein. Nur für das erste zitierte Gedicht – *Jag doch den Stern mir fort* – gilt, dass jenes Vorgegebene viel weniger stark wirksam und vielleicht zu einem einigermassen angemessenen Verständnisses des Gedichts nicht notwendig ist.)

*

Alle drei zitierten Gedichte also beziehen sich (wie die meisten Texte Lavants), wenn auch auf verschiedene Weise und in unterschiedlichem Ausmass, auf die christliche Religion. Doch handelt es sich um religiöse Gedichte in dem Sinn, dass sie Glaubenswahrheiten der christlichen Religion bestätigen? Ich beschränke mich in meinem Versuch einer Antwort auf diese Frage deshalb auf eine genauere Deutung von *Ganz erblinden will ich, lieber Herr*, weil dieses Gedicht in seiner Weise, mit christlichen Glaubensinhalten umzugehen, beispielhaft ist. In ihm zeigen sich bestimmte Momente jenes Umgangs besonders deutlich, die auch in den beiden zuvor zitierten Gedichten wirksam sind und zugleich, wie ich glaube, einen Grund für das ästhetische Gelingen vieler Gedichte Lavants darstellen.

Den Rahmen des Christlichen vorausgesetzt, scheint es zunächst nicht allzu schwierig, das Gedicht zu paraphrasieren und seinen Sinn zusammenzufassen: Da wird Gott von einem Ich angeredet, das eigentlich genug hätte von dieser Welt, von ihrem Schein, ihrem Sonnenschein und Vogelgesang, von dem Leiblichen, das mit dem *Irrtum* und mit der *Schuld* der *Seele* identifiziert wird. Doch so ungeduldig dieses Ich, diese Seele, ist, den

Körper zu verlassen, es gelingt noch nicht. Der Ausweg, der in der Nacht (da das Licht der Sinne sozusagen ausgeschaltet ist) noch fühlbar war, die Freiheit, die schon vertraut schien, wird mit dem ersten, schwachen Morgenlaut eines Vogels wieder verloren. Mit dem Morgen erwachen auch die Sinne, der Leib, die Welt und die Natur mit ihren trügerischen Verlockungen, und die Seele wird wieder in *Haft* genommen. Deshalb betet das Ich darum, dass ihm die Sinne schwinden mögen und Gott es zu sich nehmen. So scheinen die christlichen Vorstellungen von der Hinfälligkeit, Vorläufigkeit und Schuldhaftigkeit der sinnlich wahrnehmbaren Welt bestätigt.

Doch sieht man das Gedicht genauer an, so ist es vor dem christlichen Hintergrund, den es zu seinem hinreichenden Verständnis beansprucht, gar nicht so leicht zu begreifen.

Mag es auch in jenem – aus vielen Gedichten der Lavant vertrauten – leidensvoll abgründigen Ton anheben und mit der Geste einer demütigen und gebetsähnlichen Zwiesprache mit Gott – *Ganz erblinden will ich, lieber Herr / auch nichts hören* –, so wird dieser Ton spätestens in der achten Zeile: *Keine* [Not] *war im Grunde je mein eigen, / seit ich flüchtig diesen Leib betrat* – zweifelhaft und mit ihm die Form direkter, unmittelbarer und gebetsähnlicher Anrede. Eher wird hier erzählt und reflektiert – das Präsens wird vorübergehend durch das Präteritum ersetzt –, und der *liebe Herr* rückt ferner, ist nicht mehr unmittelbar präsent (oder wenigstens nicht mehr so stark fühlbar).

An dieser Stelle wird Distanz hörbar, und in Übereinstimmung damit nimmt die Redegestik etwas von einem Theatermonolog an, der von Ferne an die Rhetorik der Schlegel-Tieck'schen Shakespeareübersetzungen erinnert. Da gibt es – *seit ich flüchtig diesen Leib betrat* – eine seltsam kühle, rhetorisch untertreibende Beschreibung des Vorgangs der Geburt und eine – nimmt man an, das lyrische Ich wolle tatsächlich seinen Körper, seine Welt verlassen – ebenso untertreibende Einschränkung durch das Wort *etwas: es dauert mir schon* etwas *lange*. Auch wird da ein Füllwort gebraucht (*sich zur Zeit der Häutung* wohl *benimmt*), und gegen Ende des Gedichts steht die umständliche und gestelzte Selbstbefragung: *War's nicht, daß ich einen Ausweg wußte?*

Was als flehentliches und gebetsähnliches Anreden Gottes zu beginnen scheint, verwandelt sich in eine Art Theaterrede an Gott. Die so hochfahrend-pathetische und zunächst demütig anmutende Anfangsgeste verwandelt sich in die Vorführung eines, wie man meinen kann, im Anreden von Gott unangemessenen Selbstbewusstseins oder einer unangebrachten Souveränität. Es ist ein sich ironisch distanzierendes und rhetorisches Sprechen, das auch mehr und mehr begrifflich-argumentative Züge annimmt. Und dieser Veränderung entsprechend folgen auf die krassen und dicht getürmten Anfangsbilder – die *Lippen mögen dürr* sein, aber zugleich auch *leer*?; der kühne Vergleich, der sie *wie die Hälften einer Hülse klaffen* lässt; und kann man denn *die Sonne* in einen *Zwielichtsschimmer zu sich nehmen?* – gemäßigtere, mildere und konventionellere und vor allem weniger dicht gefügte. (Der Ton beruhigt sich, und das gerade dann, als das Ich seine Aufregung schildert – *aufgeregt, wie eine Schlange* –, was die Beruhigung nur umso auffälliger und vielleicht anstössiger macht.)

Es ist eine distanzierte und ironische Haltung, die erst nach und nach offenbar wird und auf das scheinbar demütige *lieber Herr* zurückwirkt. Denn es stellt sich erst im Verlauf des Gedichts heraus, dass auch diese Wendung schon ironisch und also distanziert gebraucht worden sein könnte. Sie könnte die gesellschaftliche Vertraulichkeit von jemandem ausdrücken, der sich als untergeordnet darstellt, dabei aber die Hierarchie, der er sich formal unterwirft, durchschaut, während er dies den Übergeordneten nicht merken lässt. (Es mag dabei auch etwas von jenem Tonfall hörbar sein, in dem man jemandem halb einschmeichelnd, halb spöttisch sagt *aber mein lieber Herr*). Auch diese Vertraulichkeit stünde im Gespräch mit Gott nicht gut an, ja könnte Spott und Hohn bedeuten, also vielleicht eine Form von Täuschung und somit auch Lästerung und deshalb Widerstand gegen Gott.

Und die spöttische Ironie der Gedichtrede zeigt sich auch in der seltsamen und tiefsinnigen Zwiespältigkeit des Schlangenbildes: Die Schlange ist bekanntlich schon in der Genesis, in der Erzählung vom Sündenfall Adams und Evas, das Symbol für die Verführung und das Böse. In dem Gedicht nun bezeichnet sich das lyrische Ich als *so aufgeregt, wie eine Schlange*, die sich allzu ungeduldig häuten will, und auch als *ruhlos, böse und verstimmt*. Schlangenähnlich und *böse* ist also gerade jenes Ich, jene Seele, die es – *in Übereinstimmung* mit christlichen Vorstellungen, ja mit christlicher Sehnsucht nach Gott – eilig hat, den Leib und damit die Welt zu verlassen und die darum sogar betet (*Gebete* zu Gott *stößt*). Dieser ironischen Umkehrung entspricht auch, dass es gerade ein *Vogel* (*der Fink*) ist – ansonsten nicht selten Sinnbild für die vom Körper befreite Seele – und sein so häufig als unschuldig und schwach gedachter Gesang, der die Seele verführt bzw. wieder in die Haft bringt. (Ein Gesang, der übrigens vielleicht auch ein wenig die Dichtung selbst ist.)

Und es gibt noch einige andere bemerkenswerte Bilder in dem Gedicht, die mit jener Ironie und auch mit dem Widerstand gegen den christlichen

Gott zu tun haben mögen. So ist von der *Sonne* die Rede, die das Ich nicht mehr *in den Zwielichtschimmer zu* sich *nehmen* will. Diese Sonne ist eine Art Hostie, wenn man *zu sich nehmen* in einer seiner Bedeutungen als *verspeisen* versteht. (Eine Verbindung, die auch durch das nächste Bild zum Anklingen gebracht wird, da von den *dürren, leeren Lippen* die Rede ist, von dem offenen Mund eines Hungernden oder Dürstenden, der noch dazu wie eine *Hülse* klafft, also wie das, was die Frucht oder den Kern umschliessen sollte.) So wäre das Zusichnehmen der Sonne eine Art gegenchristliches, ausschliesslich irdisches Kommunizieren, das jenem eigentlich sakralen, im Zentrum des Christentums stehenden ironisch entgegengesetzt wird. Und der Gedanke einer auf die Natur bezogenen Eucharistie wird noch einmal, wie untergründig auch immer, aufgenommen, wenn es in dem Gedicht heisst: *Sinnlos reift der Sonne Morgenrose.* Die Sonne reift – wie Früchte und vielleicht wie das Getreide, aus dem das Nahrungsmittel schlechthin, das Brot – und zugleich auch die Hostie –, hergestellt wird. Und mit *Rose,* einem stark christlich geprägten Symbol – sie symbolisiert häufig die übernatürliche Liebe; Dante etwa schildert in seinem *Paradiso* die Schar der Erlösten als eine riesige Rose – wird dann auch konsequenterweise das rein Weltliche, Diesseitige dieser Sonne sakralisiert.

Wenn man diesen Bildern folgt, dem, was sie evozieren, dann wird die Natur dem *lieben Herrn* als so anziehend oder gar so heilig und wohl auch verehrungswürdig vorgeführt, wie, nach christlichen Begriffen, nur Gott, also der *liebe Herr,* selbst dargestellt werden sollte oder auch das christliche Jenseits. Das ungeduldig gottsuchende Ich vergleicht sich dagegen mit einer Schlange, obwohl es behauptet, die als sinnlos und als Haft bezeichnete Natur verlassen, nämlich zu Gott zu wollen. Was zu Gott will, stellt sich jetzt als so böse dar, wie es – nach christlicher Vorstellung – die Natur ist, sofern sie von Gott wegführt oder ihn verdunkelt, verschleiert.

Liest man das Gedicht in diesem unter- oder hintergründigen Sinn, dann besteht es aus Fragen und Behauptungen, die geradezu ihre eigene Negation bedeuten können: Womöglich will dann das Ich des Gedichts gar nicht *erblinden* und auch nicht *nichts hören,* und vielleicht will es sehr wohl *die Sonne zu* sich in den *Zwielichtschimmer nehmen* und vielleicht auch *zu sich nehmen,* und von Gott würde dann gar nicht erbeten, den *Fingern* zu wehren, alle *Nöte zusammenzuraffen,* um ihm diese zu *zeigen.* Denn diese wären dann – auf Gedeih und Verderb oder in Lust und Schmerz – sehr wohl das, was dem Ich *im Grunde zu eigen* ist. Und dann würde jenem Ich das Leben im *Leib* gar nicht schon zu *lange dauern.* Und der *Fink im Birnenbaum,* die

Schönheit, die sinnliche Pracht des Morgens hätten dann sehr wohl Sinn, die *Morgenrose reifte gar nicht sinnlos*. (Das würde dann gerade durch den sakralen Anklang gesagt.) So führte das Ich seinem *lieben Herrn* nur etwas theatralisch und ironisch die Widersinnigkeit der (angeblich) christlichen Weltverachtung oder Weltflucht vor Augen und wollte ihm durch die Schönheit der Welt (und vielleicht auch ein wenig durch die Schönheit des Gedichts) zeigen, wie falsch, böse oder sinnlos das Verlangen macht, nicht an diesem Leib, dieser Welt, dieser Natur sein Genügen zu finden, sondern all das zu verlassen. Und die beiläufige untertreibende Beschreibung der eigenen Geburt (*seit ich flüchtig diesen Leib betrat*) führte dann dem christlichen Gott oder dem Christentum ironisch dessen Geringschätzung des Leibes vor. (Die ungeduldig gottsuchende Seele stellt sich, sehr durchtrieben, als Schlange dar, die dazu verführt, die schöne Welt als sinnlos zu betrachten und verlassen zu wollen. Sie stellt also unter der Hand den christlichen Gott als Schlange dar.)

Dennoch, scheint mir, lässt sich das Verstehen des Gedichts mit dieser Lesart nicht beenden. Es ist auch nicht das letzte Wort des Gedichts, dass es auf subtile Weise das Jenseitige und den jenseitigen christlichen Gott verspottet oder gar lästert (oder die christliche Vorstellung von Welt und ihrem Jenseits) und dagegen die Schönheit der Welt, des Sinnlichen ins Treffen führt. Denn für eine weitere Reflexion mögen die Bilder wieder gemäß einer durchaus rechtmäßigen christlichen Bedeutung lesbar sein. Man könnte dieses Verhalten des Ich, das sich in schlangenhafter Ungeduld, Ruhelosigkeit, Bösheit und Verstimmung äussert, sehr wohl auch als *Irrtum oder Schuld* im christlichen Sinn verstehen, als eine Versuchung durch die *Schlange*. Die damit einhergehende Entwertung der Schöpfung als sinnlos – *sinnlos reift der Sonne Morgenrose* – ist ja keineswegs selbstverständlich in Übereinstimmung mit christlichen Vorstellungen.

Den Leib als Irrtum oder Schuld zu bezeichnen könnte doch – etwa eingedenk einer geforderten Liebe zur Schöpfung oder des Glaubens an die Auferstehung des Fleisches am jüngsten Tag – selbst Irrtum und Schuld bedeuten. Und das lyrische Ich sagt auch selbst, dass die *Gebete*, die es zu Gott *stößt, bloß der Seele Ungeduld* sind, und so sind es wohl nicht Gott wohlgefällige Gebete. Und ausserdem wird in dem Gedicht nicht gesagt, dass der Leib tatsächlich Irrtum und Schuld ist, sondern dass ihn die Seele *als Irrtum oder Schuld* schon zu lange mit sich herumgeschleppt habe, also dass sie ihn als Irrtum oder Schuld betrachtet. Es könnte sein, dass die Seele, die den Leib als Irrtum oder Schuld betrachtet und die sinnliche Schöpfung (*der Sonne Morgenrose*) als sinnlos und als *Haft*, sich noch einmal irrt, sich noch einmal schuldig macht, und dass gerade darin ihre Haft besteht und auch ihre Schlangenähnlichkeit. Als ob die Sehnsucht nach dem leiblosen Himmel auch das Böse sein könnte, sofern es die Verachtung der Welt, des Irdischen und des eigenen Leibes enthält. Und dazu passt es dann auch, dass etwas so Schwerwiegendes und Schmerzhaftes wie die leibliche Geburt zum flüchtigen Betreten des Leibes reduziert wird und so tänzerisch-tändelnd und rhetorisch von einem Ausweg gesprochen wird (*War's nicht, daß ich einen Ausweg wußte?*), der auch der, christlich gesehen, schlimmste Ausweg von allen sein könnte: jener des Selbstmordes.

Und wenn man die Deutung akzeptiert, in der das lyrische Ich seine Sehnsucht nach Gott damit bekunden will, dass es die sinnlich wahrnehmbare Welt als sinnlos darstellt, während man auch annimmt, gerade darin bestünden Schuld und Irrtum, dann würde die theatralische Form der Rede auf jenes Ich zurückfallen. Der Ton einer – christlich betrachtet – unangebrachten Vertraulichkeit mit Gott verriete dieses Ich, nämlich seine nur anscheinend christliche Absicht. Und auch die untergründige Heiligsprechung der Natur (die Sonne, die *zu sich genommen* wird und die als *Morgenrose reift*) zeugte dann gegen das lyrische Ich, wäre unwillkürlich widersprüchliche Vergötzung der Natur, da das Ich als das, was sich allzu *ungeduldig häuten* will, dennoch nur den blindlings natürlichen Trieben folgte, also wiederum der Natur. So mag es, christlich gesehen, bezeichnend sein, dass jenes Ich, das durch die Natur oder seine eigenen Triebe beherrscht wird – gerade sofern es, ungeduldig, sich gedrängt fühlt, den Kreis ihrer Wirksamkeit zu verlassen –, sich in häretischer Selbstverstellung äussert, indem es die eigentlich verachtete Natur unversehens heiligspricht, während es, im Grunde gottlos, doch zu Gott zu beten glaubt.

Vielleicht also führt dieses seltsame Zwiegespräch, führen die Fragen und Behauptungen die für das redende Ich selbst unwillkürliche oder unbewusste Selbst-Entblössung eines im christlichen Sinn sündhaften Verhaltens vor. Es könnte sein, dass sich in diesem Gedicht zeigt, wie ein Ich einer bestimmten subtilen Verführung durch die Schlange anheimfällt. Und der anmassend vertrauliche, so kühle wie souveräne und zugleich hoffärtige Ton des Gedichts verriete dann, dass das halbe Eingeständnis dieser Schuld – im Bild des Ich als Schlange und explizit in dem Vers *Wenn ich jetzt Gebete zu dir stoße / ist es bloß der Seele Ungeduld* – die reinste Pose oder Koketterie ist und die Sünde keineswegs aufhebt, sondern, im Gegenteil, verdoppelt. Und wäre dann der Autor oder Leser, sofern er diese

Zusammenhänge begreift, nicht ein wenig das christliche Gewissen selbst oder ein Stellvertreter Gottes, vor dem sich die widerspruchsvolle und vieldeutige Rede einer wohl verzweifelten Uneinigkeit mit sich selbst dar- und blossstellte?

*

Was, meiner Deutung zufolge, für *Ganz erblinden will ich, lieber Herr* gilt, trifft auch für die beiden anderen zitierten und wohl für viele Gedichte Lavants zu: Sie können sowohl als Widerspruch oder ironischer Einspruch gegen die christliche Religion oder bestimmte ihrer Glaubensinhalte gedeutet werden wie auch als deren Bestätigung. Und so bleibt zweifelhaft, in welchem Sinn sie religiöse Gedichte sind, auch wenn sie, auf verschiedene Weise, die christliche Religion als ihren Bezug voraussetzen.

Wie hängt nun diese Zweifelhaftigkeit mit der Poesie und ihren Bedingungen und Eigenschaften zusammen und wie, andererseits, mit der christlichen Religion selbst und wie, schliesslich, mit dem Verhältnis von Religion zur Poesie, speziell mit dem Verhältnis der christlichen Religion zur Poesie Lavants?

Eine differenzierte und detaillierte Antwort auf diese Fragen würde eine gründliche und vielleicht auch grundlegende Befassung mit Religion und Poesie und ihrem Verhältnis zueinander und mit ihrem Sprach- bzw. Weltgebrauch notwendig machen. Ich kann hier nur ein einziges Moment einer solchen Antwort zu geben versuchen, und das in vorläufiger und skizzenhafter Form.

Ich habe einige jener Glaubensinhalte erwähnt, die man als zentral für die meisten christlichen Bekenntnisse ansehen kann: den einen allmächtigen, allwissenden und allliebenden Schöpfer-Gott, den Sündenfall bzw. die Vertreibung aus dem Paradies, die Menschwerdung Gottes in Christus, den Opfertod Christi, seine Auferstehung und die Möglichkeit der Erlösung des Menschen durch diese Auferstehung, individuelle Unsterblichkeit und Existenz der Hölle (ewige Verdammnis) und des Himmels (ewige Seligkeit), der durch das Aufsichnehmen von Leid und Sterblichkeit, das heisst durch die Nachfolge Christi erlangt werden kann.

Angenommen, diese Glaubensinhalte sind tatsächlich zentral, sind gleichsam die Grund-Sätze oder Axiome des Systems Christentum: Wäre dann vom Christentum nicht zu erwarten, dass jene Grundsätze nicht (plausibel) als mehrdeutig oder gar widersprüchlich gedeutet werden bzw. zu keinen widersprüchlichen Konsequenzen führen können?

Das Christentum ist aber eine Religion, in der Mehrdeutigkeiten und, vielleicht als ihre Folge, Widersprüche oder Paradoxa naheliegen.

Einige bekannte und einfache Beispiele dafür: Wenn Gott allwissend ist und also immer schon gewusst hat, dass Adam und Eva die verbotene Frucht vom Baum der Erkenntnis essen würden, wie kann dann der freie Willen des Menschen behauptet werden? Oder: Wenn Gott allmächtig ist und allliebend, dann steht das doch im Widerspruch dazu, dass er auch das Böse geschaffen hat? Wenn er das Böse aber nicht geschaffen hat, dann ist er doch nicht allmächtig. Hat er aber auch das Böse geschaffen, dann ist er doch nicht allliebend. Oder: Wenn Gott allliebend ist, wie kann er dann das Leiden zulassen, etwa das Leiden von nach allen vernünftigen Maßstäben Unschuldigen, wie etwa jenes von Kindern. (Das ist die bekannte Frage des Ivan Karamasov.) Oder: Wenn wir Sünder sind und Gott durch unsere Sünden beleidigen, Gott aber allliebend ist, warum bestraft er uns dann, warum hält er nicht auch die linke Wange hin, wenn wir ihn auf die rechte schlagen? Oder: Wenn Christus alle Sünden der Welt auf sich genommen hat, um uns zu erlösen, wie kommt es dann, dass wir dennoch ewige Verdammnis fürchten müssen oder das jüngste Gericht? Oder man denke an die Fragen, die Mehrdeutigkeiten, ja Widersprüche, die bestimmte Anweisungen oder Gebote enthalten können wie etwa: Liebe deinen Nächsten wie dich selbst. (Enthält diese Anweisung Gewaltverzicht unter allen Umständen?) Man denke aber auch an die Fragen, die durch die Widersprüche hervorgerufen werden, die für das Verhältnis von sichtbarer, sinnlich wahrnehmbarer Schöpfung zu ihren unsichtbaren, geistigen Aspekten behauptet werden können. (Widersprüche die, nach meiner Deutung, auch in *Ganz erblinden will ich, lieber Herr,* zu finden sind.) Ganz zu schweigen von den Fragen, die ein so vieldeutiges und widersprüchlich-paradoxales Konzept wie jenes der Dreifaltigkeit provoziert.

Diese oder ähnliche Fragen – es gibt wohl eine unabsehbare Menge von ihnen –, die unmittelbar zu Widersprüchen oder Paradoxa führen können, sind gleichsam theoretisch, sie sind Ergebnis einer verstandesgemäßen Reflexion auf das Christentum. Es sind Fragen eines sich mit christlichen Glaubensinhalten befassenden Verstandes, der möglichst eindeutige und kohärente, also widerspruchsfreie Argumentation fordert; und es sind Fragen, die sich an der Heiligen Schrift und auch an ihrer theologischen Deutung entzünden, etwa an den kirchlichen Antwortversuchen auf die Heilige Schrift, die ja selbst vor allem Bericht und Erzählung, aber auch Weisheitsspruch, Predigt, Vision und auch Gedicht (etwa in den Psalmen) ist, und jedenfalls zum grössten Teil keine Ähnlichkeit mit verstandesgemäßem Argumentieren hat, etwa mit einer theologischen Abhandlung. Dass jene Fragen zu Widersprüchen, ja zu Paradoxa führen können, deutet auf die vielen arationalen (nicht-verstandesgemäßen) Momente der sprachlichen Aspekte des Systems Christentum. Und dessen Arationalität wird wesentlich dadurch bestimmt, dass es in vielerlei Hinsicht aus nicht-sprachlichen Zeichen besteht, etwa aus religiösen Praktiken und sakralen Handlungen, aber auch aus den religiösen Erfahrungen der Gläubigen, aus Momenten also, die allesamt in einem unklaren Verhältnis zur Sprache und damit umso mehr zur Reflexion oder zur Rationalität stehen.

Der Verstand und die Reflexion, das, was Robert Musil das *Ratioide* nennt, spielen also für die christliche Religion eine, wenn auch zweifellos wichtige, so doch begrenzte Rolle.

Nun könnte man aus jener Begrenzung des Verstandesgemäßen schliessen, die Forderung nach Eindeutigkeit und Widerspruchsfreiheit der christlichen Grundsätze oder zentralen Glaubensinhalte sei unangemessen. Doch läge dann nicht auch die Konsequenz nahe, das Christentum als ernstzunehmende Erkenntnisform und deshalb auch seinen Wahrheitsanspruch preiszugeben? Eben dies jedoch widerspricht dem Selbstverständnis des Christentums (oder wenigstens grossen Teilen der Tradition des Christentums), jedenfalls der theologischen Reflexion, sofern sie einerseits das Verstandesgemäße dazu zu gebrauchen sucht, die innere Kohärenz des Systems Christentum in Hinblick auf umfassende Erkenntnis herzustellen und andererseits die geoffenbarten und den Verstand übersteigenden Wahrheiten als mit den Einsichten des gleichsam natürlichen Verstandes vereinbar denkt. Der Anspruch der Vereinbarkeit der christlichen Religion mit dem Verstandesgemäßen insgesamt und die Begrenzung des Geltungsbereichs des Rationalen innerhalb der Religion geraten also in ein Spannungsverhältnis, wenn nicht in einen Widerspruch.

Dieses Spannungsverhältnis oder dieser Widerspruch ist jenem analog, der auch das Verhältnis von Rationalität bzw. Reflexion zur Poesie und zum Umgang mit ihr bezeichnet. Und es ist diese Analogie, die hier als ein erstes Anzeichen für die tiefgreifende Ähnlichkeit von Religion und Poesie verstanden sei.

Auch die Poesie schränkt den Geltungsbereich des Verstandesgemäßen ein, ohne jedoch darauf, als auf einen ihrer Aspekte, verzichten zu können. Fordert die Poesie auch nicht, verstandesgemäße Erkenntnis zu sein, so soll verstandesgemäßes Denken doch ein, wenn auch in bestimmte Schranken gewiesenes, Moment ihrer Bedeutung darstellen. (Jede angemessene Deutung einer Poesie ist der Beweis dafür, sofern man annimmt, das Gedeutete ist tatsächlich auch Teil der Bedeutung der jeweiligen Poesie.) Eine Poesie, die Rationalität nicht als eines ihrer Momente begreift, stellt sich ebenso gegen grosse und wesentliche Teile ihrer eigenen Tradition wie ein Christentum gegen grosse und wesentliche Teile der ihren, wenn sie Rationalität nicht als einen Aspekt ihrer selbst begreift.

Der einfache Grund für diese Ähnlichkeit von Poesie und christlicher Religion: beide beanspruchen Erkenntnis des Ganzen zu sein, und zu jenem Ganzen gehört das Verstandesgemäße (als Methode oder Verfahren) sowie jene Erkenntnis von Welt, die das Ergebnis der Anwendung verstandesgemäßer Verfahren ist.

Die Spannung oder der Widerspruch zwischen dem Verstandesgemäßen und dem, was in der Religion wie in der Poesie als arational erscheint, kann als eine Art Kampf begriffen werden. (Als ein Kampf freilich, der, christlich verstanden, die Hoffnung auf eine Art Versöhnung enthalten sollte; etwas, was von der Poesie nicht ohne weiteres behauptet werden kann.) Es ist ein Kampf, der ebenso sehr innerhalb der heiligen Kapelle *Poesie* oder des schönen Gedichts *Religion* stattfindet wie zwischen der heiligen Kapelle *Poesie* oder dem Gedicht *Religion* auf der einen Seite und den Formen der Rationalität auf der anderen.

Während vom Standpunkt der Religion wie von jenem der Poesie aus sich verstandesgemäßes Denken als eine begrenzte Form erweist, als eines ihrer Momente – so dass sich Religion und Poesie als diejenigen begreifen können, die jene Grenze übersteigen oder umfassen (das Verstandesgemäße allein gilt dann beiden als unzureichend) –, können die Formen des Rationalen (also etwa die Philosophie und Wissenschaften), sofern sie sich gegen Religion oder Poesie richten – und also die heilige Kapelle *Poesie* oder das schöne Gedicht *Religion* von aussen betrachten –, die Antithese dazu geltend machen: Der Umstand, dass sich Poesie und Religion in wesentlichen ihrer Aspekte der Verstandeserkenntnis zu entziehen scheinen, so dass diese an ihnen in Vieldeutigkeit, Widersprüche oder auch Paradoxa zerfallen muss, wird zum Beweis dafür, dass Religion und Poesie nicht erkenntnisfähig oder -gemäß seien und deshalb auch keinerlei Wahrheitsanspruch stellen können.

Doch bei aller Ähnlichkeit von Poesie und Religion hinsichtlich ihres Verhältnisses zur Rationalität zeigt sich in ihrem Umgang mit dieser auch ein wesentlicher Unterschied zwischen ihnen. Wenn die Poesie und ihre

Reflexion (etwa in Form einer Poetologie oder Ästhetik) Eindeutigkeit, das Nicht-Widersprüchliche auch nicht unbedingt scheuen, so wird die Möglichkeit des Mehrdeutigen und des (für die Reflexion) Widersprüchlichen dennoch als eine Bedingung des Poetischen verstanden, ja es wird häufig als dessen Konstituens begriffen. Die Reflexion von Glaubensinhalten dagegen – jedenfalls sofern sie sich als theologische Rationalität innerhalb einer Kirche, eines bestimmten Bekenntnisses, konstituiert – versucht zumeist, die Widersprüchlichkeit, das Paradoxe und auch das Mehrdeutige zu vermeiden; jenes Nachdenken erleidet diese Momente eher als sie zu suchen oder gar zu feiern. Denn in der christlichen Religion geht es um *eine* Wahrheit, etwa um die ihrem Wesen angemessene Erfahrung Gottes und seiner Schöpfung, und in jeglicher Theologie – versteht man sie als Versuch der aussageförmigen Festlegung und der logischen Ordnung von Glaubenswahrheiten – auch um deren *richtige* oder angemessene Darstellung oder Auslegung, vor allem um die richtige oder angemessene Auslegung der Heiligen Schrift. Widersprüche und Paradoxa werden deshalb von der Theologie häufig als Zeichen der Unzuverlässigkeit oder Unvollkommenheit bestimmter religiöser Erfahrungen oder auch ihrer Deutung verstanden, so dass die Theologie, auch wenn sie sich selbst als Teil der Religion versteht, deren nicht-rationale (zum Beispiel nicht-sprachliche) Aspekte doch auch von aussen sieht, als eine Kapelle, die sie, wenn nicht *verdrießlich*, so doch häufig skeptisch betrachtet. Wenn anders sich eine solche Theologie das Innere der Kapelle nicht selbst verbietet und sich – gleichsam als Hüterin der heiligen Schwelle – das Widersprüchliche, Paradoxe ihrer Deutungen oder Fragen ihrer eigenen verstandesgemäßen Form zum Vorwurf macht, um, im Gegenzug, das religiöse Leben selbst oder auch bestimmte Glaubensinhalte als übervernünftige Wahrheiten hinzustellen, die sich nur dem offenbaren, dem das Geheimnis seines Glaubens innerhalb der Kapelle zuteil wird.

*

Wie immer unterschiedlich sich Poesie und Religion zum Auftreten von Mehrdeutigkeit und Widerspruch verhalten mögen: Schränkt man den Begriff des Widerspruchs nicht auf seine *ratioiden* Formen ein, begreift man Mehrdeutigkeit selbst als Voraussetzung oder als Folge von Widerspruch und nimmt man deshalb an, die Figur oder das Bild des Widerspruchs in einem nicht-rationalen, aber wörtlichen oder weiteren Sinn – also als Gegen-Spruch, als Widerrede, als Gegen-Satz oder, in einer Übertragung auf Nichtsprachliches, als Gegen-Teil – sei dazu geeignet, das Wirken ge-

genläufiger oder zunächst nicht sinnvoll aufeinander beziehbarer Kräfte
und Mächte darzustellen, dann spielt der Widerspruch in jenem weiteren
Sinn sowohl in der Poesie eine zentrale Rolle als auch in der christlichen
Religion: in der Heiligen Schrift, sofern sie nicht Theologie ist, und auch
im religiösen Leben selbst, in den Gedanken und Taten der Gläubigen,
im Verhältnis religiöser Erfahrungen Einzelner etwa zu den vorgegebenen
christlichen Glaubensinhalten, aber auch in der Beziehung von Einzelnen
zu ihrer kirchlichen Institution.

Im Werk Christine Lavants, das vielleicht gleichermassen durch die For-
derungen der christlichen Religion wie durch jene der Poesie bestimmt
wird, sind nicht zuletzt deshalb die Mehrdeutigkeiten und Widersprüche
als Ausdruck gegenläufiger Kräfte und Mächte allgegenwärtig; die meisten
ihrer Gedichte – und Beispiele dafür sind auch die zitierten – entfalten
Widersprüche oder Gegensätze in jenem weiteren Sinn in vielfältiger Wei-
se: offenkundig ist das etwa in dem aus semantischen Gegensätzen oder
Oppositionen aufgebauten Vokabular (*oben/unten, hoch/niedrig, nah/fern*
Erde/Himmel, Ich/Gott, Seele/Leib, Lamm/Wolf, groß/klein), dann auch in
den kontrastreichen Bildern (in dem in einer Anmerkung zitierten Gedicht
wird die *Nacht durch einen Mondkork verschlossen*), aber auch im Gegen-
satz von christlich vorgeprägten Bildern und solchen, die das nicht sind,
oder im gegenchristlichen Gebrauch von christlich vorgeprägten Bildern.
Doch auch Gegensätze wie jener zwischen gereimten, metrisch regelmäs-
sigen Strophen und kühnen Bildern mögen so verstanden werden, wie
auch der Kontrast von idiomatischem oder regionalem Sprach- und Bild-
gebrauch und einem ebenso hochsprachlichen wie universalen (wobei jene
Universalität auch als durch die christlich bestimmte Symbolik gesichert
scheint). Doch am deutlichsten wird jenes Widersprüchliche oder Gegen-
läufige naturgemäß in der Entfaltung der Motivik der Lavant'schen Dich-
tung. Das Verhältnis von Ich zu Gott, von Schöpfer zu leidender Kreatur,
von Seele zu Körper, von christlicher Religion zu Natur wird als vieldeutig
oder widerspruchsvoll oder gegenläufig entfaltet. (Das sollte auch in den
zitierten Gedichten deutlich geworden sein.)

Lavants Gedichte seien also als das verstanden, was jene Mehrdeutig-
keiten, Widersprüchlichkeiten oder Gegenläufigkeiten auf all den erwähn-
ten Ebenen austrägt, gleichsam vom Laut oder Buchstaben bis zum Motiv.
Und das heisst – denn darin besteht eine formale Bedingung der Einheit des
Gedichts: all diese Mehrdeutigkeiten, Widersprüche oder Gegenläufigkei-

ten sind aufeinander beziehbar, sie stellen, die, wie immer gegensatzreiche, Einheit des Gedichts her.

Jene gleichsam innergedichtlichen Relationen – und das ist eine weitere Bedingung des Gedichts – sind aber nicht nur aufeinander beziehbar. Nicht nur erläutern oder erhellen sie einander, sondern sie können ihrerseits auf das bezogen werden, was sie zum Gegenstand haben: auf das Christlich-Religiöse selbst und also auch auf die religiös vorgegebenen Mehrdeutigkeiten, Widersprüche oder Gegensätze; zum Beispiel auf die Beziehungen Ich-Gott, Welt-Gott, leidende Kreatur-unbeteiligter oder liebender Gott. Die Mehrdeutigkeiten, Widersprüche oder Gegenläufigkeiten innerhalb des Gedichts zeigen auf diejenigen des religiösen Lebens, etwa religiöser Praktiken und sakraler Handlungen, aber auch auf jene innerhalb der religiösen Schriften wie der Heiligen Schrift und ihrer theologischen Auslegung, sie zeigen auf all das, was die Gedichte Lavants als Vorgegebenes voraussetzen, auf das von mir so genannte *vorgegebene System Christentum*. Und wegen seiner Mehrdeutigkeiten und Widersprüchlichkeiten und als Ausdruck gegenläufiger Kräfte und Mächte – mag es auch stets versuchen, in Form von Theologien zu rationaler Klarheit zu gelangen – kommt dieses System der Poesie, und insbesonders den Gedichten Lavants, auf halbem Weg entgegen. So wird in ihren Gedichten nicht nur der Widerspruch zwischen Eigenem oder Einzelnem und dem Vorgegebenen auf vielfältige Weise ausgetragen, sondern durch diese Gedichte wird die christliche Religion selbst als Ort der Auseinandersetzung religiöser Erfahrungen Einzelner mit dem vorgegebenen System kenntlich, das diese Erfahrungen von Einzelnen zu deuten oder gar verständlich zu machen, jedenfalls in eine verlässliche und universale Form zu bringen sucht.

Und der Übertragbarkeit von Mehrdeutigkeiten oder Gegenläufigkeiten innerhalb des Gedichts auf diejenigen Gegensätze entsprechend, die innerhalb der christlichen Religion selbst herrschen, lassen sich Mehrdeutigkeiten, Widersprüche oder Gegenläufigkeiten auch auf den Widerspruch oder Gegensatz von poetischem und religiösem Sprach- und Weltgebrauch übertragen. So dass sich die Gedichte Lavants als Kampf zwischen jenen Tendenzen des Gedichts zeigen, die Autonomie, eigenständige Bedeutungsgenerierung bzw. Welterzeugung durch den Kontext *Gedicht* selbst verlangen, und dem vorgegebenen christlichen System, das Heteronomie von allem Denkbaren und also auch vom Gedicht fordert, und deshalb von den christlichen *Axiomen* abhängige Bedeutung, wahrheitsgemäße und – den eigenen christlichen Mehrdeutigkeiten, Widersprüchen oder Gegensätzen zum Trotz – möglichst klare Darstellung oder Wiedergabe.

So bedeutet hier die ästhetische Bedingung – das, was das Gedicht an Autonomie verlangt – zum Beispiel Selbstbestimmung, Selbstbehauptung des einzelnen Sprechenden und somit auch die Eigenmacht, den Eigensinn des Ich, die Erfahrungen des Einzelnen. (Die aus der christlichen Religion herausgelesenen Paradoxa können diesem Ich dann zum Stein des Anstosses werden.) Die ästhetische Bedingung steht aber auch für die sinnlich wahrnehmbare Welt bzw. die Evidenz der Sinne, die Lust am eigenen Hervorbringen, für das Unvorhersehbare des jeweiligen Sprachgebrauchs und insofern für die eigenmächtige Wirksamkeit der poetischen Sprache. Und alle diese Momente können füreinander stehen, sind aufeinander übertragbar und bestärken einander.

Das Religiöse, die religiöse Sprache, aber auch das religiöse Leben stünden dabei für die entsprechenden Gegenstücke: Für das Vorgegebene, also für Heteronomie, auch für die vorgegebene Sprache, die in diesem Fall den Glauben an bestimmte vorgegebene Wahrheiten enthält, und somit für das Vorhersehbare, die Abhängigkeit von vorgegebenen Bedeutungen, die Unterordnung des einzelnen Sprechenden. Die religiöse Sprache stünde also nicht für das Ich, sondern für das Andere, in diesem Fall für Gott, der das Ich bestimmt. Auch alle diese Momente wären aufeinander übertragbar und bestärkten einander.

Das Ausserordentliche (und in der Literatur der Moderne so Seltene) an den Gedichten Lavants: Sie sind in hohem Mass das Austragen oder Darstellen jener Widersprüche oder Gegenläufigkeiten. Dass dieses Austragen oder Darstellen auch im Zeitalter ästhetischer Autonomie, das auch das Zeitalter ubiquitärer Säkularisation zu sein scheint, so überzeugend stattfinden kann, sollte das nicht dazu veranlassen, das Verhältnis von Poesie und vorgegebenem System und insbesonders das Verhältnis von Poesie und christlicher Religion als etwas noch keineswegs Abgeschlossenes oder Abgetanes zu denken? Denn wenn es so ist, dass der Bezug auf die christliche Religion als vorgegebenes System zu ästhetisch überzeugenden Werken führen kann, liegt dann nicht nahe, dass nicht nur die Poesie notwendig und (auf ihre eigene Weise) erkenntnisgemäß und wahrheitsfähig ist – was ohnehin häufig und leichtsinnigerweise als selbstverständlich vorausgesetzt wird –, sondern, allen zuwiderlaufenden Befunden zum Trotz, auch die christliche Religion, wenigstens in der Dichtung oder in den Künsten überhaupt? Legt also ein ästhetisch überzeugendes Werk wie jenes der Lavant nicht nahe, dass das Christentum – ich sage noch einmal: zum Gedeihen oder auch Verderben von Poesie und Religion – in viel höherem Mass bestimmende Kraft, wenigstens im Bereich der Poesie ist, als wir – da wir all jene Widersprüche, die sich in Lavants Gedichten entfalten, vorschnell als nicht mehr tragfähig, als grundlos abgetan haben – zumeist ahnen oder wissen wollen? Und sollte also nicht jene Auseinandersetzung zwischen Poesie und christlicher Religion – und dies nicht nur in der Poesie – immer wieder von Grund auf ausgetragen werden (wenn auch nicht notwendig so explizit-thematisch wie in Lavants Gedichten)?

Wie aber, wenn der gegenteilige Schluss gezogen würde? Wie wenn man daraus, dass eine christlich so stark bestimmte Poesie wie die Christine Lavants ästhetisch überzeugend wirken kann – während das Christentum dennoch als kulturelle Kraft ihrerseits, wenn nicht als tot, so doch als peripher erfahren wird (als nicht erkenntnisgemäß oder wahrheitsfähig und ohne eigentliche kulturelle Notwendigkeit) –, schlösse, dass auch die Poesie, wie für Nietzsche Gott, gestorben oder wenigstens peripher geworden sei?

Mit diesen Fragen wird nur ein Horizont erahnbar, und der Versuch, sie begrifflich, das heisst: verstandesgemäß zu beantworten (und nicht etwa in Form von Kunstwerken), lässt vor allem Unbestimmtes, Wandelbares und Vieldeutiges fühlbar werden oder Widersprüche und Paradoxa entstehen, Widersprüche oder Paradoxa, die zu Tage treten, wenn man das, was man *Kultur* nennt, als Ganzes zu denken versucht, also gleichsam von aussen zu sehen, während man doch durch jenes Denken dazu verurteilt ist, an ihr teilzunehmen. Denn es gehört zum seltsam unbestimmten, vieldeutigen oder auch widersprüchlichen Begriff unserer Kultur, dass wir, an ihr teilnehmend (uns also gleichsam mitten in ihrer *Kapelle* befindend), dennoch herauszufinden suchen, wie oder was sie eigentlich ist, so als wäre sie etwas anderes, ein Gegenstand unserer Erkenntnis, den wir objektiv, von aussen, erkennen könnten. (Als wäre diese *Kapelle* so gebaut, dass man in ihr sein kann, wenn man sie von aussen sieht, und ausserhalb ihrer, wenn man sie von innen sieht.) Welche Kräfte also diese, unsere Kultur tatsächlich bestimmen, was ihr, um Robert Musils Wort zur lyrischen Dichtung zu zitieren, *innerster Brunnen* ist, ob sie eher – bildlich für die Poesie, wörtlich für die Religion – eine heilige Kapelle ist oder – wörtlich für die Poesie, bildlich für die Religion – eine Art Gedicht – etwas jedenfalls, in dem Poesie oder Christentum und Rationalität einander versöhnlich ergänzen und bestätigen –, oder ob sie das weltliche Haus ist, in dem das Verstandesgemäße und seine Anwendungen Poesie und

Religion längst ihres fiktiven und illusionären Charakters überführt haben, das sei hier anheimgestellt.

ZU ADALBERT STIFTERS
WITIKO

Am Passauer Bischofshof erzogen, bricht der zwanzigjährige, aus einer bedeutungslos gewordenen Familie stammende Witiko im Jahre 1138 aus Passau in Richtung Böhmen auf, begegnet der jungen Bertha von Jugelbach, wird bald von dem sterbenden Herzog Sobeslaw nach Prag, wo sein Nachfolger gewählt werden soll, entsandt, schlägt sich auf die Seite des neu gewählten Herzogs Wladislaw und zieht mit ihm gegen den ebenfalls den Herzogstuhl beanspruchenden Sohn Sobeslaws. Witiko zeichnet sich in Kämpfen und Schlachten aus, wird von Herzog Wladislaw mit Grund und Boden belehnt, heiratet Bertha und wird Stammvater eines neuen Adelsgeschlechtes.

(MÜHEN DES ANFANGS)

Der Mann war noch in jugendlichem Alter. Ein leichter Bart, welcher eher gelb als braun war, zierte die Oberlippe, und umzog das Kinn. Die Wangen waren fast rosenrot, die Augen blau. Das Haupthaar konnte nicht angegeben werden; denn es war ganz und gar von einer ledernen Kappe bedeckt, welche wie ein Becken von sehr festem und dickem Stoffe gebildet, so daß ein ziemlich starker Schwerthieb kaum durchzudringen vermochte, dergestalt auf dem Kopfe saß, daß sie alles Haar in ihrem Inneren faßte, und an beiden Ohren so gegen den Rücken mit einer Verlängerung hinabging, daß sie auch einen Hieb auf den Nacken unwirksam zu machen geeignet schien.

Dieser Satz schlägt aus der Art der Erzählung, liegt jenseits der ihr eigenen Form – und ist einigermassen missglückt. Denn seine Syntax ist nicht nur übermässig komplex, sondern auch trübe bis zur Undurchsichtigkeit: Der finale Einschub (*so daß ein ziemlich starker Schwerthieb kaum durchzudringen vermochte*) ist wie hineingezwungen, zumal in der Hauptfolge der Sätze zwei weitere Finalsätze angeschlossen sind (*daß sie alles Haar in ihrem Inneren faßte* und *daß sie auch einen Hieb auf den Nacken unwirksam zu machen geeignet schien*).

Im Weiteren sind solche hypotaktischen Ballungen kaum mehr zu finden; vergleichbare Beschreibungen bestehen aus einfacheren Sätzen:

Er war ein junger schöner Mann mit blonden Haaren und blauen Augen. Auf seinem Haupte hatte er eine schwarze Haube, von der eine Adlerfeder gerade empor stand. In den Bügeln hielt er starke lederne Stiefel, und um die Schultern hatte er an einer roten Schnur ein Hüfthorn.

Ebenso untypisch ist die komplexe Infinitkonstruktion *zu machen geeignet schien*, die überdies eine Unentschlossenheit ausdrückt, die ansonsten nicht zu finden ist.

Einige Wendungen jener Anfangssätze sind auch – vergleichsweise – gesucht und preziös (der Bart *zierte* die Oberlippe und *umzog* das Kinn), und zudem werden die Dinge differenzierter beschrieben als zumeist späterhin: Wenn vom Bart gesagt wird, er sei *eher gelb als braun*, und dass die Wangen *fast rosenrot* sind, enthält dies, im Vergleich zur Erzählung insgesamt, ein höheres Mass an Unterscheidung oder auch nur ein Zögern. Später sind die Dinge zumeist schlicht rot, blau, gelb und schwarz.

Noch aus einem anderen Grund ist das Wort *rosenrot* nicht so recht am Platz: Es spielt auf das zukünftige Wappenzeichen von Witikos Geschlecht, auf die rote Rose der Rosenberger an. Zumeist versagt sich die Erzählung jedoch solche impliziten Vorgriffe oder Symbolisierungen. Sie kennt kaum untergründige Anspielungen, die sich durch Konnotationen oder stillschweigende Implikationen herstellen. Witikos Wappenzeichen wird sonst explizit erwähnt: Der greise Huldrik verkündet beispielsweise, dass Witiko einst Stammvater eines bedeutenden Geschlechts unter dem Wappenzeichen der Rose sein werde.

Oder die Rose wird als Symbol so überdeutlich wie in einem Volkslied oder Märchen: Als Witiko seiner Braut Bertha das erste Mal begegnet, trägt sie eine Rose im Haar. Und wenige Seiten später, da Witiko Bertha erzählt, dass alle Ahnen einer seiner Stammväter Waldrosen gepflanzt hätten, spricht Bertha selbst das Symbolische ihres Rosentragens deutlich aus:

> «Es wird doch eine Eingebung gewesen sein, dass ich die Rosen genommen habe», sagte Bertha. «Und dass es in dieser Jahreszeit noch Rosen gibt, ist schon ein Wunder», sagte Witiko. «So mögen sie Euch ein Zeichen sein», erwiderte Bertha.

Als ob sich Stifter zunächst erst in die Erzählung finden müsste, bildet sich die angemessene Schreibweise erst nach und nach heraus. Das lässt erahnen, wie gross die zu überwindenden Widerstände sind. Unsicherheit ist am Anfang noch merklich; zugleich ist vielleicht eine Konzession an eine geläufige Romansprache wirksam und eine ihr entsprechende Wirklichkeitsdarstellung.

(Einzelheiten vor Augen, Dinge hinter Dingen)

Es finden sich jedoch in den zitierten Anfangssätzen auch wesentliche Charakteristika der Schreibweise des *Witiko*:

> Das Haupthaar konnte nicht angegeben werden; denn es war ganz und gar von einer ledernen Kappe bedeckt,

Über etwas, das sichtbar wäre, wenn es nicht durch anderes Sichtbares seinem Blick verborgen wäre, kann der Erzähler nichts sagen. Er ist offenbar mitten unter den Dingen, von denen er berichtet.

In einer längeren Passage zeigt sich etwas Ähnliches in der direkten Rede einer Figur:

> «Dort oben, wo der krumm gewölbte Wald steht, würden wir den Berg des reichen Gesteines sehen, wenn der Wald nicht wäre …Weiter unten wäre der Winterberg, wenn der gezackte Waldkamm nicht vorstände. Gerade hier hinab ist das Tal der Hirschberge, in welches der See seinen Bach ablässt. Und dann geht es gegen das Land hinaus, wir können es aber vor lauter Wald gar nicht sehen. Dorthin, gerade aus, ist der obere Plan. Dann würden wir, wenn der Wald nicht vorstände, den Wald des heiligen Thomas sehen, und dann ist nichts mehr als der Himmel.»

Als die Augen über die Landschaft in den Himmel sehen, der für alle von überallher zu sehen ist, wird in einer schönen Wendung der Konjunktiv durch den Indikativ ersetzt: Da der Erzähler sich ansonsten denselben Beschränkungen unterwirft wie seine Figuren, wird umso deutlicher, wie sehr sein Standpunkt mit ihrem übereinstimmt. Er bindet sich an ihren Ort und begibt sich seiner möglichen Erzähler-Allmacht. So wird die Erzählung zunächst auf den Horizont von jemandem begrenzt, der die erzählten Ereignisse selbst ebenfalls unmittelbar durch die Sinne erfährt. Vielleicht kann deshalb das, was in der Erzählung berichtet wird, ebenso glaubwürdig sein wie jegliche unmittelbare sinnliche Erfahrung.

(Protokollsätze)

Der Satz *Das Haupthaar konnte nicht angegeben werden* ist protokollartig. Er suggeriert, dass sich der Erzähler vor einer nicht genannten Instanz rechtfertigt: Dass über die Haarfarbe und die Art des Haares nichts gesagt werden kann, die Information also unvollständig ist, soll nicht an einer

Fahrlässigkeit oder Ungenauigkeit des Erzählers liegen, sondern an den Tatsachen selbst. Das Protokollarische macht Amtliches hörbar, es hat dadurch etwas von einem Polizeibericht. Als ob Vollständigkeit des Berichtes und eben die Angabe der Farbe oder der Art des Haares erwünscht wäre. Wenn etwa die ausführlichere Beschreibung der Bekleidung eines Mannes mit dem Satz «Sonst hatte er nichts auf seinem Körper» endet und an anderer Stelle gesagt wird: «Der Reiter hatte keine Feder auf dem Haupte und nirgends ein Abzeichen an sich», scheinen diese Auskünfte auf Fragen zu antworten, die genaue und vollständige Informationen fordern. Es wird jedoch kein Hinweis gegeben, warum dem so sein könnte. Die Angaben, in denen anklingt, dass dem Wunsch nach Vollständigkeit der Beschreibung zu genügen versucht worden sei, lassen einen Zweck vermuten, dem das Protokoll dienen soll, doch wird dieser nicht greifbar.

Zum Protokollartigen gehört auch, einen blonden Bart *gelb* zu nennen. Denn das Wort *blond* wäre konnotativ reicher und spezifischer, bezeichnet es doch vor allem, ja, beinahe ausschliesslich, die Haarfarbe von Menschen. *Gelb* dagegen können alle Dinge sein, Haare von Menschen ebensogut wie Gräser oder die Farbe aus dem Malkasten. *Gelb* ist eine gleichsam wahrnehmungsempirische Ausdrucksweise, die Objektivität verspricht.

Protokollartiges und Amtliches, nüchterne Wiedergabe des sinnlich Wahrgenommenen, Gebundenheit des Erzählerhorizonts an die sinnliche Erfahrungswelt seiner Hauptfigur: Im Verein mit der Abwesenheit impliziter Andeutungen, Konnotationen und stillschweigender Implikationen führt das zur Vermeidung von bildhaften Vergleichen und Metaphern. Denn Vergleich und Metapher sind die zentralen poetischen Mittel, Konnotationen und stillschweigende Implikationen hervorzurufen: Indem sie auf die sprachlich-begriffliche Sphäre verweisen, die begrifflichen Hintergründe jeglichen Gegenstandsbezugs fühlbar machen und damit die Aufmerksamkeit auf die motivische Ordnung eines Textes lenken, schwächen sie den vorgeblich unvermittelten Bezug auf das Gegenständliche.

(VERTRAUEN, ÜBER DEN EIGENEN HORIZONT HINAUS)

Indem der Erzähler sich selbst an den Ort seiner Figuren bindet, seine Macht beschränkt und die registrierten Einzelheiten nicht erklärt oder deutet, legt er nicht nur nahe, ihm bleibe der Sinn oder Zweck seines Berichtes verborgen, sondern zudem, er vertraue sich etwas ihm Vorgegebenem oder Übergeordnetem an, einer Instanz oder einem Gesetz. Diese werden aber nicht in der Erzählung selbst bezeichnet, ja, sie mögen unbekannt sein. Die Erzählung beschreibt gleichsam nur, wie die einzelnen Äpfel unmittelbarer Erfahrung vom Baum fallen, doch verzichtet sie auf die Möglichkeit, auch das Gesetz der Schwerkraft zu formulieren, den Gesetzgeber oder seine Intentionen zu bezeichnen – und erst recht auf die Möglichkeit, dieser Gesetzgeber selbst zu sein.

Dennoch bedeuten die Einzelheiten schon deshalb etwas, weil sie – etwa für Witiko selbst – gegeben sind. Dass etwas gegeben ist, reicht hin, dass es aufgeschrieben werden soll. Wie geringfügig es auch sein mag, es ist gleichsam Schicksal der Figur, es zu erleben – und es ist Erzählerschicksal, es wiederzugeben:

> Das Pferd war indessen mit seiner Nahrung lässiger geworden, und hatte öfter umgeblickt. Der Reiter ließ ihm Wasser bringen, und tränkte es, dann mischte er ihm wieder etwas Haber in seine Kufe. Während es denselben verzehrte, blieb er dabei stehen. Der Krauskopf blieb auch stehen, und sah zu. Als das Pferd fertig war, wurde es noch einmal getränkt, und der Reiter wischte ihm dann die Lippen ab, und die Kufe wurde seitwärts gestellt. Hierauf ging der junge Mann zu seinem Tische, und verlangte nach dem Wirte.

Wir wissen beinahe so wenig von der Funktion dieser Einzelheit in der Erzählung und von dem Sinn-Gesetz, das durch die Einzelheit exemplifiziert werden mag, wie wir alltäglicherweise wissen, was unsere Sinneswahrnehmungen bedeuten:

> Huldrik stand vor ihm. Er hatte ein sehr grobes lichtgraues Wollgewand. Sein Rock war viel kürzer und weiter als gewöhnlich, kaum über den Oberkörper hinab reichend.

Es ist nicht verstehbar, was es damit auf sich habe, dass Huldriks Gewand *viel kürzer und weiter als gewöhnlich* war. – In einem Roman Balzacs genauso wie in jedem Kriminalroman wären solche Einzelheiten entweder als Hinweis zu verstehen, der noch Folgen haben wird, oder auch als Darstellung einer bestimmten Stimmung oder Atmosphäre. In einem Text aber, der seinen wesentlichen Sinn durch das vertikale Spiel vielfältiger Motive, durch innertextliche Bezüge herstellt, hätte die Rede davon, dass ein Gewand zu kurz oder zu weit ist, neben seiner deskriptiven sehr wahrscheinlich übertragbare oder symbolische Bedeutung.

Indem er jenen angenommenen Sinn seines Berichts nicht angibt, erlaubt der Erzähler aber die Unterstellung, dass das Erzählte an und für sich sinnvoll ist, und zudem, der Sinn der Erzählung so umfassend sei, dass er nicht nur die sichtbaren, sondern auch die unsichtbaren Ordnungen einschliesst.

*

Sind die anfangs beschriebenen Dinge und Ereignisse auch solche sinnlicher Wahrnehmung, so ist das Gesetz, das ihnen zugrunde liegt, nicht nur ein Naturgesetz, das wissenschaftlich entdeckt und formuliert werden kann, sondern ein Gesetz, das umfassender ist: Es beherrscht die Materie genauso wie die menschlich-soziale und auch die himmlisch-unsichtbare Natur.

Die anfängliche Beschränkung des Erzählers auf das, was einem Beobachter in bestimmten Augenblicken und an bestimmten Orten sinnlich zugänglich ist, bedeutet also nicht, dass die berichteten oder protokollierten Ereignisse zu Daten werden, die durch eine Naturwissenschaft angemessen erklärt werden könnten. Im Gegenteil: Die Ereignisse haben – über das Walten natürlicher Gesetze hinaus – auch Sinn und Bewandtnis. Nur mutet sich der Erzähler nicht zu, das Berichtete selbst zu deuten oder auch nur Hinweise auf seinen Sinn-Zusammenhang zu geben.

Die meisten Figuren der Erzählung allerdings halten lange und feierliche Reden – in klassizistischer Rhetorik, in einer geschmeidigen und komplexen Sprache, die sich von jener des Erzählers stark unterscheidet. Sie deuten dabei ihre soziale Stellung, sie malen einander die Geschichte ihrer Sozietät und ihres Landes aus, die geistlichen Würdenträger appellieren an christliche Prinzipien und Tugenden. Insbesonders in den Szenen, in denen die *Lechen* (Ritter) sich auf dem *Wysehrad* in Prag versammeln, wird ihre weltliche und geistliche Geschichte evoziert. So hebt etwa der alte Ritter Bohumil so an: «Ich habe eine große Zahl von Jahren gelebt, und habe vieles gesehen. Ich habe noch den alten römischen Kaiser Heinrich den Vierten gekannt ...»

Die Figuren sprechen also manches von dem aus, was der Erzähler sich auszusprechen versagt. Ihre Deutungen und Erklärungen weisen jedoch auf seinen Bericht zurück: Das legt nahe, dass auch sein Bericht ähnlichen Sinn hat wie der, den die Figuren einander auslegen – und kann doch auch in Zweifel gezogen werden.

(Die Gegenwart der Dinge)

Da der Sinn in den Dingen selbst liegen soll und die beschriebenen Dinge als den Sinnen gegenwärtig suggeriert werden, ist die Sprache auf ihre bezeichnende und beschreibende Funktion beschränkt und wird zudem entlastet: Die Dinge sind das Entscheidende, ihre Gegenwart soll angenommen und geglaubt werden, und sofern sie selbst Sinn in sich tragen, benötigen sie die Sprache nicht. Da die Dinge ohnehin für sich selbst sprechen sollen, reicht es, dass die Sprache sie aufzählt und etikettiert, reichen auch vorwiegend kurze, parataktische Sätze, allenfalls kurze Relativsätze und temporale oder kausale Fügungen, anaphorisch aneinandergereiht.

Auf die Entlastung der Sprache zugunsten der Dinge ist auch ihre Allgemeinheit zurückzuführen: Häufig werden Hilfsverben (*war, werden, sein, haben*) als volle Verben gebraucht, oder es werden sehr verschiedenartige Vorgänge durch wenige Grundverben wie *gehen* oder *stehen* benannt:

> Die Herberge *war* ein Steinhaus, *stand* auch neben Ebereschen, und *hatte* ein flaches, weitvorspringendes Dach, auf dem große Granitstücke lagen. Die Tragebalken *gingen* weit hervor, und *waren* zierlich geschnitzt und rot bemalt. In der Gassenmauer *war* eine Tür, deren Pfosten rot angestrichen *waren*. Sie führte in die Schenkstube. Nicht weit von ihr *war* ein Tor, das in den Hof *ging*. Auf der Gasse *standen* mehrere steinerne Tische. Weiter zurück *waren* Pflöcke [...]

Dieser Eigenschaften der Sprache des *Witiko* wegen wiederholt sich Satz für Satz so vieles – Wörter, Wendungen und Satzformen und Satzrhythmen etwa, aber auch Begrüssungen und Verabschiedungen, Ereignisse und Szenen (etwa die zwischen Witiko und seiner Braut Bertha). Gleichförmigkeit wird nicht vermieden – sie wird gesucht; nirgendwo wird variiert, Wiederholung ist *das* ordnende Prinzip der Erzählung. Und also herrscht Monotonie, die sich jedoch auf höchst überraschende und überzeugende Weise in Reichtum verwandelt: Das Gleichförmige, sich wieder und wieder Wiederholende wird gesang- oder litaneihaft. Etwas von Zaubersprüchen, Beschwörungs- und Gebetsformeln, von feierlicher Zeremonialität ist zu hören. Dazu tragen auch Anklänge an die Sprache der Bibel und zahlreiche Archaismen bei (*Gesiedel, dankte des Grusses, geniesset der Gesundheit des Leibes, eines Augenblickes ritt sie zu allen Kriegern*).

Das Feierliche und tendenziell Sakrale dieser Dichtung wird aber stets dadurch konterkariert und aufgewogen, dass das, was da feierlich evoziert wird, meist die alltäglichsten Dinge sind:

> Da näherte sich einer der zwei Männer, welche nicht weit von dem Reiter gesessen waren. Es war der ältere, der mit den grauen Haaren. Als er nahe genug war, sagte er zu dem jungen Manne: «Das ist ein schönes Tier, ein starkes Tier, es wird auch gewiss sehr schnell sein.» «Ja es ist ein gutes Tier, und für mich reicht seine Schnelligkeit hin», sagte der junge Reiter.

So *betet* die Erzählung gleichsam den Rosenkranz alltäglicher Dinge, der wieder und wieder durch die Finger der Sprache und durch die Sinne seines Helden gleitet. Die Scheu des Erzählers, über das unmittelbar Gegebene hinauszugehen, bewahrt ihn aber davor, die Grenze des Ästhetischen, des Reizes zu überschreiten, sich auf ästhetisch zerstörerische Weise der Sphäre des Religiösen oder Sakralen zu überantworten.

(DER ERZÄHLER UND WITIKO, EIN- UND DEMSELBEN GESETZ GEHORCHEND)

Wie der Welt ein verborgenes Sinn-Gesetz eignet, so eignet der menschlichen Seele ein Gewissens-Gesetz, das Teil jenes Sinn-Gesetzes ist. Die Seele muss sich ihm nur überlassen. Da jenes Gewissens-Gesetz in vielfacher Weise mit den weltlichen Gesetzen des Reiches zusammenhängt – das Herzogtum Böhmen soll auf der himmlischen Ordnung gründen –, gehen das Erkennen und Erlernen der weltlichen Ordnung und des Gewissens (als Intuition der himmlischen Ordnung) Hand in Hand.

So wächst Witiko die Erfahrung irdischer und himmlischer Dinge nicht nur durch christliche Erziehung zu (durch den Vater Benno, einen Benediktiner, und seine ebenso fromme Mutter), sondern auch durch seine Teilnahme am öffentlichen Leben (etwa bei der Versammlung der *Lechen* und geistlicher Würdenträger im *Wysherad*), aber auch an kriegerischen Handlungen oder durch die Ausbildung und Führung der vorbildlicheinfältigen *Männer des Waldes*. Nach und nach also erfährt Witiko, wie Staats- bzw. Rechts- und Gewissensfragen, wie Irdisches und Himmlisches ineinandergreifen. (In langen und manchmal wenig motivierten und oft didaktisch wirkenden Passagen wird Witiko über die Geschichte und die Traditionen seines Landes ebenso wie über Fragen der himmlischen Ordnung unterrichtet.)

Alles, was Witiko erfährt, trägt dazu bei, dass er die vorgegebene Ordnung, das Gesetz, dem er folgen soll, erkennt oder doch erahnt, so dass er sich auf die rechte Weise einfügt und gehorcht. Analog zur Haltung des Erzählers ist sein Verhalten – mag er selbst das auch nur vage fühlen – auf Objektivität gerichtet. Und er geht dabei nicht anders vor als der Erzähler selbst: Zunächst überlässt er sich den Dingen, wie sie ihm begegnen, und den Lehren, wie sie ihm erteilt werden, und hält deshalb (konsequent induktiv) nichts von vornherein für nebensächlich. Nie will er dabei über den ihm jeweils vorgegebenen Horizont hinaus. Indem er seine Grenzen richtig einschätzt, bleibt er seiner Aufgabe und sich selbst treu. Weil er auf dem richtigen, dem induktiven Weg erfahren und gelernt hat, sich der weltlichen wie der himmlischen Ordnung zu unterwerfen, erlangt er später natürliche Autorität und endlich legitime Herrschaft.

(Moral, objektiv)

Da beide, der Erzähler und Witiko, auf das Objektive aus sind, bezeichnet die Erzählung nichts Seelisches direkt: Sie spart dessen wörtliche Bezeichnung aus. Denn nur das Nichtbezeichnen des Seelischen wirkt der geläufigen Annahme entgegen, dass seelische Vorgänge und damit moralische Tatsachen (im Unterschied zu jenen der Sinne) subjektiv und die entsprechenden Gewissensentscheidungen willkürlich oder beliebig seien. Indem keine inneren Vorgänge beschrieben werden, deren Wirklichkeit und Bezeichnung schwankend, veränderlich und unbestimmbar erscheinen, schwächt die Erzählung die übliche Ansicht, es gäbe zwei Welten: eine Welt der hart-objektiven Fakten, die durch die Sinne erfahren wird und also auch sprachlich unmissverständlich und objektiv wiedergeben werden kann, und eine davon unterschiedene, innere Welt des Subjekts, die nicht verlässlich beschrieben werden kann.

Bevor etwa Witiko die Rechtmässigkeit des Anspruchs Wladislaws auf den Herzogthron anerkennt, zieht er sich zurück; er wartet ab und sammelt Indizien und Anzeichen. Wie er aber zu ihrer angemessenen Einschätzung gelangt, bleibt ungesagt. Wir können nur aus Witikos Zögern erschliessen, dass er abwägt, wie er handeln soll. Doch was und wo dieses Abwägen sei, ob es *in* Witiko oder sonst irgendwo zwischen Himmel und Erde stattfindet, bleibt offen.

Das Nichtbezeichnen des Seelischen erlaubt überdies, auch dann die Sprache als Ausdruck eines Objektiven zu verstehen, wenn es sich um das

Himmlische handelt, die unsichtbare Ordnung. Da nicht bestimmt wird, *wo* das sogenannte Seelische ist, da es nicht in einem Subjekt lokalisiert wird, kann jede angemessene Entscheidung als das Ergebnis des richtigen Verhältnisses zu allen Dingen, insbesondere zu den höheren Mächten gelten. Auch deshalb nimmt die Erzählung in ihrer feierlich-monotonen Zeremonialität Momente des Gebets so selbstverständlich auf, ohne dadurch aber nahezulegen, lediglich subjektiver Ausdruck zu sein.

(Der induktive Roman)

«Once upon a time and a very good time it was there was a moocow coming down along the road and this moocow that was coming down along the road met a nice little boy named baby tuckoo …» – So beginnt James Joyce' *A portrait of the artist as a young man*, ein paradigmatischer Bildungsroman der Moderne. In einer einfachen, reduzierten, sich der Wahrnehmung eines Kleinkindes anverwandelnden Sprache lässt sich da der Prozess des Sprach- und des Weltwissenserwerbs seiner Hauptfigur mitvollziehen.

Eine vergleichbare mimetische Funktion hat die Schreibweise des Witiko:

> Es [das Pferd] ging einen langen Berg hinan, dann eben, dann einen Berg hinab, eine Lehne empor, eine Lehne hinunter, ein Wäldchen hinein, ein Wäldchen hinaus, bis es beinahe Mittag geworden war.

Witiko ist kein Kind mehr, doch ist er ein junger Mann, der das erste Mal in die weite Welt hinausgeht. Und etwas von der neugierigen Anfängerhaftigkeit seiner Welt-Wahrnehmung und von ihrem Ausgeliefertsein an das ihm noch Unbekannte wird in der Beschränkung auf das sinnlich Wahrnehmbare fühlbar, in der Langsamkeit des Anfangs überhaupt, in dem Witiko aus nächster Nähe dabei beschrieben wird, wie er sich Schritt für Schritt hinauswagt.

Dass die Einzelheiten kaum über sich hinausweisen, dass ihr Sinn anheimgestellt wird, dass sie anfangs unterschiedslos als gleich wichtig behandelt werden, stimmt mit jener Anfängerhaftigkeit überein: Als würde Witiko zunächst alle Deutungen noch hinausschieben, als müsste er zunächst einmal wahrnehmen, als könnte er des Verständnisses dessen, was ihm geschieht, noch entbehren, ja, als ob es für ihn, den noch Unerfahrenen, verfehlt wäre, durch vorschnelle Erklärung und Deutung den Sinn seines Erlebens zu verkürzen und so zu entstellen.

Auch die syntaktische und lexikalische Armut der Sprache, die Bezeichnung der Einzelheiten durch allgemeine und austauschbare Ausdrücke bezeugen jene Unerfahrenheit: Wenn man ein Anfänger in der Welt ist, dann hat man, überwältigt, nur wenige Ausdrücke für die unterschiedlichsten Dinge. Unerfahrene sind wie Kinder, und Kinder sind ein wenig wie Naturwissenschaftler, die noch keine Theorie für den Zusammenhang der Dinge haben: Sie nehmen wahr, sie registrieren, und sie bezeichnen noch (vergleichsweise) undifferenziert. Der Erzähler des Witiko, sich an seinen Helden angleichend, verfährt ebenso.

Es ist im übrigen auch jene Armut, die die Sprache der Erzählung manchmal abstrakt und umständlich erscheinen lässt. Immer ist hilflose Deixis nahe und damit die allgemeinste Bezeichnung Ding. Und wenn sich, vor allem zu Beginn der Erzählung, Amtssprache, Zeremonialität und archaisierend Episches vermischen und deshalb die mimetisch motivierte Unvertrautheit des Bezeichnens von einer Ungeschicklichkeit und Umständlichkeit des Autors nicht immer unterscheidbar ist, reicht das manchmal bis ins unfreiwillig Komische:

> Als dieses [das Pferd] davon fraß, und in seinem Fressen fortfuhr, ging der Reiter wieder zu seinem Tische, setzte sich dort nieder, und sah vor sich hin.

Dass das Pferd in seinem Fressen fortfuhr, das ist nicht nur abstrakt und umständlich, sondern auch formelhaft und bildblind: Denn es legt hier nahe, dass sich das Pferd, während seines Fressens, tatsächlich auf und davon macht.

(DER HISTORISCHE ROMAN, INDUKTIV)

Wenn man mit der, wenn man in der Welt anfängt, liegen die sinnlich wahrnehmbaren Dinge am nächsten. Mit ihnen beginnt die Erfahrung jedes Einzelnen. Nach und nach erst, im Laufe der Zeit, erahnt man die allgemeinen Gesetze, denen das einzelne Wahrgenommene unterworfen ist.

Dieser Gedanke ist so selbstverständlich wie geläufig. Die Erfahrung sinnlicher Einzelheiten aber zum Anfang *historischer* Erfahrung zu machen, den Weg von den Sinnen zur Historie überhaupt als Weg darzustellen, ist äusserst ungewöhnlich (auch wenn historische Erfahrung sinnliche Erfahrung voraussetzt). Denn viel plausibler ist es anzunehmen, es gebe keine überzeugende Brücke zwischen dem wie Unvermittelten der Sinne und dem Bereich, in dem Geschichte erfahren und geschrieben wird: Die Induktion, die zu – wie immer prekären – historischen Gesetzmässigkeiten führen mag, beginnt nicht mit Sinnesdaten, sondern mit einzelnen historischen Fakten; sie beginnt nicht mit natürlichen, sondern mit sozialen Daten, denn historische Tatsachen sind nicht unmittelbar gegeben; sie sind in hohem Grade vermittelt, vage, oft lücken- oder zweifelhaft überliefert und ausgewählt und von ihren Interpretationen kaum einmal hinreichend zu unterscheiden. Es sind Tatsachen, die nicht oder nicht ohne Willkür oder wenigstens nicht ohne Spekulation in einem Gesetzeszusammenhang aufzuheben sind.

Witiko dagegen will Geschichte anders schreiben, will auf andere Weise historische Erkenntnis gewinnen, als es üblicherweise geschieht: Historische Erkenntnis soll auf verlässlicheren Daten errichtet werden, und deshalb soll das ansonsten allzu Vage und Unsichere auf dem Grund des Sichersten gebaut sein, das wir zu kennen glauben: auf dem, was uns die Sinne vorgeben.

So nimmt die Erzählung das Bild des Augen- und Ohrenzeugen wörtlich: Faktum ist ihm zunächst nur, was für Augen und Ohren gegeben ist. Vor allem zu Beginn ist der Erzähler kaum einmal Chronist historischer, sondern vor allem Verzeichner sinnlich wahrnehmbarer Ereignisse. Und umgekehrt werden dehalb auch die eigentlich historischen Fakten (und ihre Deutung) zumeist durch die direkte Rede der Figuren vermittelt: Durch die ihr eigene Unmittelbarkeit und Sinnlichkeit wie durch die glaubhafte Präsenz der sprechenden Figuren soll die direkte Rede die Wahrheit ihrer Darstellung bezeugen.

(VERGEHEN, VERGÄNGLICH)

Wie komplex und widersprüchlich der Begriff des Historischen in *Witiko* ist, zeigt sich an der paradoxen Funktion, die die Wiedergabe sinnlich wahrnehmbarer Ereignisse hat.

Zum einen sind diese Ereignisse in ihrer unaufhaltsamen Abfolge Zeichen des ständigen Vergehens – wie es scheint, der reale Grund historischer Erfahrung. Dem entspricht jene seltsame Transformation des historisch Authentischen, das zunächst das sinnlich Wahrnehmbare selbst ist und nicht etwa eine historische Quelle oder Überlieferung.

Zum anderen aber zeigt die Erzählung auch die ahistorische Seite sinnlicher Erfahrung. Denn diese erweist sich nach und nach als Immergleiches: Nur für den Unerfahrenen ist die Welt bunt und vielfältig und nicht recht auf gemeinsame Nenner, also auf Begriffe zu bringen. – Und eben das zeigt sich auch in der anfänglich scheinbar krassen Unangemessenheit der Sprache, der anscheinenden Hilflosigkeit allgemeiner Bezeichnungen vor einzelnen Eindrücken.

Nach und nach erst stellt sich heraus, dass, wenn nicht dasselbe, so doch immer wieder das Gleiche durch die Sinne erfahren wird: Die Dinge *sind*, sie *waren*, sie *werden* immer auf dieselbe Weise; die Dinge sind immer Dinge und sie sind immer rot, blau, gelb, und die Dinge, so verschieden sie erscheinen mögen, *gehen*, *stehen* und *liegen*: Die gleichförmige und monoton-anaphorische Sprache des *Witiko* verweist auf dieses Abstrakte und Allgemeine am Grunde des einzelnen Sinnlichen, der bunten Oberfläche wechselnder Eindrücke.

Eben deshalb stellt sich jene Unangemessenheit der Sprache nach und nach als Täuschung heraus. Und also verändert sich der Allgemeinheitsgrad der Sprache kaum: sie wird im Laufe der Erzählung nicht wesentlich konkreter. Es zeigt sich – im Verein mit Witikos Entdeckung des auch das Historische umfassenden Sinn-Gesetzes –, dass (in genauer Analogie übrigens zu Hegels Darstellung der sinnlichen Erfahrung in der *Phänomenologie des Geistes*) das Abstrakte, das Allgemeine die anfänglich verborgene Wahrheit des Sinnlichen ist; dass also nicht die Sprache vor den Dingen hilflos ist, sondern der noch unerfahrene Witiko vor der Sprache und den Dingen.

Was für die Sinneserfahrung gilt, gilt in *Witiko* auch für jene Erfahrung, die aus der Sinneserfahrung induktiv resultiert: für die reale Geschichte. Auch ihre Wechselfälle, so bunt und vielfältig ihre Erscheinungen auch sein mögen, gehorchen unveränderlichen, ja, ewigen Gesetzen, einer Tiefen- oder Höhenordnung, deren oberflächliche oder ephemere Erscheinung reale Geschichte ist. Eigentlich ist auch die Geschichte nur Schauplatz des Wirkens einer unveränderlichen himmlischen Moral oder auch einer ebenso feststehenden höllischen Amoral – jedenfalls einer unveränderlichen Hierarchie der Werte. So liegt der Sinn historischer Konflikte und historischer Dramatik nicht in der Geschichte selbst. Geschichte kann deshalb nichts Tragisches sein; denn tragisch wäre sie nur, wenn sie als letzte, nicht transzendierbare Realität anzuerkennen wäre: In *Witiko* lässt sich das Problem der Geschichte nicht auf der Ebene lösen, auf der es sich zu stellen scheint.

Es ist unvermeidlich, dass diese Sicht Witiko in Widerspruch nicht nur zu dem uns spätestens seit dem neunzehnten Jahrhundert geläufigen Bild der Geschichte und der historischen Erkenntnis setzt, sondern auch zum realistischen Gesellschaftsroman des achtzehnten und neunzehnten Jahrhunderts.

In Georg Lukács' Studie *Der historische Roman* etwa wird Witiko als reaktionär und restaurativ verurteilt und folgendermassen charakterisiert:

> Witiko […] ist von Anfang an der vormärzliche Musterjüngling, das erreichte Ideal des sonst weitgehend gescheiterten Metternichschen «Erziehungwerks». Die epische Bewegung ist hier rein äußerlich: Schlachten, Paraden, Empfänge usw., die infolge der breiten Dinghaftigkeit ihrer rein beschreibenden Darstellungsweise den […] Ausdruck von der Öde vollauf rechtfertigen.

Traditionsstiftend, prototypisch und verbindlich sind für Lukács dagegen Walter Scotts historische Romane.

Am Maßstab dieses Prototypus gemessen, scheitert Witiko. Geschichte einerseits durch den Bezug auf sinnlich Wahrnehmbares, andererseits durch das Unveränderlich-Abstrakte oder gar Ewige begreifen zu wollen, führt aus der Perspektive des klassischen historischen Romans dazu, dass das, was üblicherweise als historisch konkretes Faktum angenommen wird, allzu peripher und allzu unbestimmt bleibt.

Tatsächlich werden im Witiko kaum historische, soziale, in der angeblich beschriebenen Zeit liegende Gründe oder Motive gegeben. Denn diese sind hier nicht wesentlich, sondern akzidenziell, ephemere Verkörperung einer unveränderlichen und ahistorischen Tiefen- oder Höhenordnung.

In *Witiko* bleiben nicht nur die meisten geläufigen Kategorien historischer Darstellung (etwa ökonomische oder soziale) beinahe völlig ausgespart, sondern es werden auch Kategorien, die wir heute als historisch kontingent und häufig als subjektiv zu denken gewohnt sind, als zeitlos gültig angenommen: So trifft der mit höchster moralischer Autorität ausgestattete Bischof Silvester in der Frage der Herzogsnachfolge eine Entscheidung, deren Rechtfertigung im Vollzug göttlichen Willens und Gesetzes besteht. Ebenso beruft sich der rechtmässige Herzog Wladislaw auf göttliche Auserwähltheit: «Gott hat das Recht nicht sinken lassen, wenn er es auch noch weiter prüft.» Das Recht des Herzogs soll also gottgegeben sein; das enthält, dass seine Feinde schon deshalb, weil sie seine Feinde sind, Unrecht haben, ja, auch moralisch versagen und nur Betrug und Verrat als Mittel des Kampfes kennen. (So verhält es sich etwa in der ersten Entscheidungsschlacht auf dem Berg Wysoka.)

Was bleibt, wenn das Erzählen fast ein Aufzählen ist, ein gleichförmiges, gleichmässiges Aneinanderreihen von Dingen und Ereignissen, ein Wieder- und Wiederholen? Was bleibt, wenn weder Psychologie noch

Dramatik, wenn aber auch keine semantisch sprechende Ordnung aus ineinander verwobenen Motiven und Handlungssträngen entworfen wird, wenn kaum bildhafte Wendungen gebraucht werden, die auf einen begriffliche Raum verweisen könnten und ihn zu einer Gestalt immanent vor- und zurückverweisender Beziehungen machten?

Was bleibt, ist zunächst das, was Lukács als sinnentleerte Äusserlichkeit an *Witiko* so sehr verurteilt: einerseits die Reize der Dinge und Ereignisse selbst: der Wald, das Reiten, die Pferde, die Gewänder, die Werkzeuge, die Pracht der Schlachten und Versammlungen; und andererseits die Reize der Sprache: etwa die endlose, an die Genealogie im ersten Buch Moses erinnernde Aufzählung der schönen, fremden Namen der Lechen oder der Männer des Waldes. Es ist der Reiz einer Sprache von manchmal hölzerner Wucht, von kraftvoller Einfachheit, ja, Einfältigkeit; und es ist vor allem der Reiz des feierlich-zeremoniellen Austausches von Dingen, Gesten und Worten:

> «So lebe wohl, du lederner Mann», sagte der Scharlachreiter.
> «Lebe wohl», sagte Witiko.
> «Reite glücklich deiner Wege, und suche nicht gleich Kampf mit Männern, die du auf der Strasse findest», rief Odolen.
> «Wenn sie ihn nicht hervorrufen, suche ich ihn nicht», sagte Witiko.
> «Reite fröhlich», rief Welislaw.
> «Du auch», sagte Witiko.
> «Lebe wohl», rief Ben.
> «Komme bald zu uns zurück», rief der Sohn des Nacerat.
> «Lebet wohl», sagte Witiko.
> Die von hinten kamen nun auch hervor, und riefen:
> «Lebe wohl.» «Reite glücklich.»
> «Lebet wohl», antwortete Witiko.

Es ist bezeichnend für den Umgang der Erzählung mit Zeitlichem (und deshalb auch mit Historischem), dass in der Szene einer Verabschiedung – einer Szene somit, die wesentlich auf das Zeitvergehen bezogen ist – der Zeitverlauf dennoch wie bis zum Stillstand verlangsamt wird: In feierlicher Zeremonialität wird das Vergehende und das Veränderliche aufgehoben. In solchen, nach den üblichen Begriffen des Historischen so irrelevanten Szenen, zeigt sich die der Erzählung gemässe Wahrheit der Geschichte auf besonders eindrückliche Weise: Als ob der fliegende Pfeil dieses Erzählens eigentlich immer ruhte, bleibt die Zeit stehen, und alles scheint wiederholbar, alles zeigt sein Unveränderliches – selbst der Augenblick der Trennung. Gleich wird Witiko wieder aufbrechen und weiterreiten, von Ereignis zu

Ereignis, und jene Wahrheit der Erzählung wird wieder mehr zum Hintergrund werden – zu dem, was man mitten unter den Dingen und mitten unter den Sätzen, die sie beschreiben, vergessen könnte, wie vieles sich selbst dann, wenn Witiko sich von einem Ort zum anderen zu bewegen scheint, wiederholt.

(Verkörperung, Entkörperung)

Die Dinge ändern sich, die Geschichte vollzieht sich, aber nur auf das Ahistorische, Unveränderliche oder Ewige hin. Eben dies zeigt sich schon in der kleinsten Erzähleinheit der Erzählung, im einzelnen Satz:

> Sogleich kam ein Mädchen aus dem Hause, das rote Wangen hatte, und dem zwei lichtgelbe Zöpfe von dem Nacken über den roten Latz und das wollene schwarze Untergewand herab hingen.

Zweimal wird das Wort *rot* gebraucht, und dies, obwohl es ganz unwahrscheinlich ist, dass der Eindruck roter Wangen und der eines roten Latzes so viel Ähnlichkeit hat, dass dasselbe Wort gerechtfertigt ist.

Das Entscheidende ist hier jedoch eben nicht deskriptive Differenziertheit, sondern der Verweis auf das Unveränderliche. Dieses Unveränderliche des Wortes wie auch des Gegenstandes, den es bezeichnet, ist aber der Begriff, die Idee. So verweist die Wiederholung des Wortes *rot* auf den Begriff *rot*, auf das Ideelle der einzelnen Erscheinung und seiner Bezeichnung. Die Allgemeinheit der Bezeichnungen, zunächst als Mimesis der Unerfahrenheit Witikos verstehbar, ist nach und nach als Unerfahrenheit höherer Ordnung zu erkennen. Durch die Worte und die Dinge scheint das Ideelle, das vor und nach jeder Erfahrung sei.

Man täuscht sich also, wenn man glaubt, man könne nicht zweimal dasselbe wahrnehmen, man könne nicht zweimal dasselbe sagen, man könne nicht zweimal in denselben Fluss steigen; und man täuscht sich eben auch deshalb , wenn man glaubt, das Historische als kulturelle Seite des physikalischen Zeitvergehens aus sich selbst begreifen zu können. In jedem Wort, durch seine, wie es zunächst scheint, hoffnungslose Allgemeinheit wird offenbar, dass die Dinge durch die Worte an einer begrifflichen, einer ideellen Realität teilhaben. Jene Teilhabe entkörpert die Dinge, zeigt ihr Aufgehobensein in ihrem Prototypus, in ihrer Idee. Im *Witiko* sind die Ideen das eigentlich Reale, und wenn sie sich in Raum und Zeit in Einzelgegenständen oder in historischen Ereignissen verkörpern, dann bedeutet das, ihre ideelle Realität zu vergessen, sie misszuverstehen.

Dieser Platonismus wäre blass und kunstfremd und müsste die Er-
zählung als Kunstwerk scheitern lassen, würden seine sinnlichen Reize
nicht ihrerseits so mächtig und gegenwärtig, ja, nicht dann und wann so
sehr überhandnehmen. Vor allem in den so monotonen Symmetrien der
Sätze, in ihrer litaneihaften Selbsttätigkeit, ihrer sinnlichen, buchstäblich
reizvollen Gegenwart, und insbesonders in den zeremoniellen Szenen
kommt die Poesie der Erzählung gleichsam zu sich. Und eben dort wird
jener Platonismus tatsächlich aufgewogen, da kommt der Vorgang des
Entkörperns, des Durchscheinens auf die Ideen ins Gleichgewicht mit
ihrer Verkörperung, so als ob sie – gleichsam als Synthese der oft wider-
sprüchlichen Momente der Dinge (seien sie jene der Sinne oder jene der
Geschichte) – in einer neuen ideellen Körperlichkeit aufgehoben würden,
in einer Leibhaftigkeit der Universalie: Es ist eine Verklärung des Kör-
perlichen und ein Leibhaftwerden des Abstrakten, das hier stattfindet.
Und eine solche entkörperte Leibhaftigkeit ist deshalb nicht Verdrängung
oder unvollständige oder nicht völlig geglückte Sublimation – was sie in
Witiko und im Werk Stifters überhaupt oft genug sein mag –, sondern ein
anderer und schönerer Zustand. Es wird dann eine Anmut offenbar, die
Körper und Ideen einander gleichermassen hervorrufen und einander an-
verwandeln lässt.

Als Witiko seiner Braut Bertha das erste Mal im Wald begegnet, kommt
es zu einem an die Wechselreden des Hoheliedes erinnernden Gespräch:

«Ach, was Ihr schöne Haare habt!» sagte das Mädchen.
«Und was du für rote Wangen hast», erwiderte er.
«Und wie blau Eure Augen sind», sagte sie.
«Und wie braun und groß die deinen», antwortete er.
«Und wie Ihr freundlich sprecht», sagte sie.
«Und wie du lieblich bist», antwortete er.»

Zur Dichtung

1

In seiner *Defence of Poetry* erklärt Percy Bysshe Shelley die Dichter zu den nicht anerkannten Gesetzgebern der Welt. Ich interpretiere: Nicht *an-erkannt* wird das Gesetzgeben der Dichter deshalb, weil es gar nicht *erkannt* wird, weil es also geheim bleibt.

Voraussetzend, dass die Sprache der Dichtung zur Welt gehört, wären die Dichter auch die geheimen Gesetzgeber der Sprache. Sie wären diejenigen, welche die Regeln aufstellen, denen alle, die Sprache gebrauchen, folgen, ohne es aber zu bemerken, wenn sie nicht dichten.

Voraussetzend, dass der Sprache das Gesetz zu geben auch bedeutet, den anderen Teilen der Welt das Gesetz zu geben, kann man behaupten: die Ordnung der poetischen Sprache schafft die Ordnung der Welt.

In einer *Attack on Poetry* könnte man dagegen erklären: Die Dichter sind die geheimen Gesetzeszerstörer der Welt. Wiederum voraussetzend, dass die Sprache der Dichtung zur Welt gehört, wären die Dichter auch die geheimen Zerstörer der Sprache. Sie wären diejenigen, welche die Regeln zerstören, denen alle, die Sprache gebrauchen, folgen. Allerdings würden diejenigen, die Sprache gebrauchen und nicht dichten, gar nicht bemerken, dass die Regeln ihres Sprechens zerstört werden.

Voraussetzend, dass die Gesetze der Sprache zu zerstören auch bedeutet, die Gesetze der Welt zu zerstören, kann man behaupten: Die Unordnung der poetischen Sprache schafft die Unordnung der Welt.

*

Ein Gesetz zu geben oder es zu zerstören, das wäre, geläufiger Ansicht zufolge, eine *künstliche Aufgabe*, also eine Aufgabe, die nicht einfach vorgefunden, sondern von jemandem oder von etwas gemacht oder hergestellt wird. Die Lösung einer künstlichen Aufgabe wäre aber – ich variiere einen Gedanken Kafkas – nur dann der Mühe wert, wenn es keine *natürlichen* Aufgaben gäbe, also keine Aufgaben, die einfach vorgefunden werden und damit von niemandem oder von nichts gemacht oder hergestellt. Denn behauptet man, natürliche Aufgaben einfach vorzufinden, dann findet man auch den *Unterschied* zwischen natürlichen und künstlichen Aufgaben vor. Künstliche Aufgaben, die ihrerseits als natürlichen Aufgaben entgegengesetzt vorgefunden werden, setzen also den Unterschied zwischen natürlichen und künstlichen Aufgaben als Vorgefundenes voraus. Insofern beziehen sich Lösungen für solche künstlichen Aufgaben, um ihrer Begrenztheit oder Definierbarkeit willen, nicht auf die ganze Welt, sondern nur auf jenen Teil von ihr, der sich von jemandem oder etwas machen oder herstellen lässt. Und nach Kafka sind solche Lösungen für künstliche Aufgaben gerade deshalb nicht der Mühe wert.

Besteht jedoch die Aufgabe darin, in oder durch die Sprache der Dichtung der ganzen Welt das Gesetz zu geben oder zu zerstören, dann wird der Unterschied zwischen einer natürlichen und einer künstlichen Aufgabe zu einem Aspekt der Gesetze, die gegeben oder zerstört werden. Denn wenn das Gesetz, das gegeben oder zerstört wird, alle und alles betrifft (die ganze Welt), dann ist es nur eine mögliche Auswirkung dieses Gesetzes, den Unterschied zwischen natürlichen und künstlichen Aufgaben ohne weiteres als Vorgefundenes zu behaupten. Den Unterschied zwischen natürlichen und künstlichen Aufgaben kann man nur innerhalb einer Welt ohne weiteres als Vorgefundenes behaupten, welcher ihre Gesetze so gegeben oder zerstört werden, dass man von diesem Geben oder Zerstören nichts bemerkt, innerhalb einer Welt also, in der das Geben oder Zerstören ihrer Gesetze geheim bleibt.

∗

Das Bild des Dichters als des geheimen Gesetzgebers der Welt und das dazu antithetische Bild des Dichters als des geheimen Gesetzeszerstörers der Welt haben eines gemeinsam: Der Dichter wird zu einer Art Schöpfer – bei Shelley bleibt allerdings offen, ob die Welt ohne die Gesetze, die ihr die Dichtung verleiht, dennoch existiert – und die Dichtung selbst zu der absoluten Macht, auf der die Welt beruht. Die Dichtung schafft oder zerstört diese Welt in wesentlichen Aspekten.

Selbstverständlich gibt sich dieses so romantische Bild sowohl angesichts dessen, was wir als *Wirklichkeit,* als auch dessen, was wir als *Sprache* zu erfahren glauben, der Lächerlichkeit preis. Und ein Dichter, der die von Shelley für ihn behaupteten Attribute des Gesetzgebens tatsächlich *anerkannt* sehen wollte, wäre in den Augen der Welt wenigstens so lächerlich wie der Baudelair'sche Albatros, und man müsste auf dem Schiff *Welt* kein besonders böswilliger Matrose sein, um ihn zu verhöhnen und zu verspotten.

Nun spricht aber meine Interpretation von Shelleys berühmtem Satz nicht zufällig davon, dass das Gesetzgeben des Dichters *geheim* sei. Denn gerade weil es geheim sein soll, kann der Dichter suggerieren – wie wohl auch Baudelaire in seinem Gedicht –, dass Spott und Hohn der Matrosen ins Leere zielen, da sie ja eigentlich gar nicht begreifen, wen oder was sie da verhöhnen und verspotten. (Würden sie das Gesetzgeben oder Gesetzeszerstören des Dichters anerkennen und also öffentlich machen, dann würden ihnen Hohn und Spott vergehen.)

Vielleicht aber hat Shelleys Satz noch einen anderen und fundamentalen Sinn: Vielleicht soll er nicht besagen, es sei kontingenterweise so, dass das Gesetzgeben der Dichter geheim ist – dass etwa die Welt kontingenterweise diesbezüglich blind ist und deshalb das, was ihr das Gesetz gibt, nicht erkennt und an-erkennt –, sondern, dass jenes Gesetzgeben geheim sei, um überhaupt stattfinden zu können, dass es also auf dem Schiff *Welt* gar nicht öffentlich gemacht werden *könne*. Vielleicht kann man dieses Gesetz nicht mitteilen, ausser dann, wenn man es gibt oder zerstört, wenn man also Dichtung schreibt oder liest, also eigentlich Dichter ist. In diesem Augenblick aber wird nicht nur der Unterschied zwischen einer natürlichen und einer künstlichen Aufgabe zu einem Aspekt des Gesetzgebens oder des Gesetzeszerstörens, sondern auch jener zwischen dem, was öffentlich ist, und dem, was geheim ist. Denn auch der Unterschied zwischen dem Öffentlichen und dem Geheimen könnte nur dann tatsächlich *gemacht* werden, wenn Gesetze gerade gegeben oder zerstört werden. Wird im Sinne meiner Interpretation von Shelleys Satz nicht gedichtet, dann werden das Öffentliche und das Geheime wie auch der Unterschied zwischen ihnen genau so als Gegebenes einfach vorgefunden, wie der Unterschied zwischen natürlichen und künstlichen Aufgaben dann einfach vorgefunden wird, wenn nicht gedichtet wird.

Falls es also so sein sollte, dass Shelley behauptet, das Gesetzgeben der Dichtung werde deshalb nicht anerkannt, weil es geheim sei, und falls er damit den Unterschied zwischen Geheimem und Öffentlichem einfach vorfinden würde, fände er dann nicht auch den Unterschied zwischen künstlichen und natürlichen Aufgaben einfach vor? Und wenn er den Unterschied zwischen künstlichen und natürlichen Aufgaben einfach vorfinden würde, fände er dann nicht sowohl den Unterschied zwischen dem Geben und dem Zerstören von Gesetzen vor als auch das Geben und das Zerstören von Gesetzen selbst? Wenn aber Shelley das alles einfach vorfinden würde, dann spräche er selbst gerade nicht als Dichter, dann würde er gerade nicht Gesetze geben oder zerstören, sondern dann würde er, ohne es zu bemerken, Gesetzen folgen, die von jemand oder von etwas anderem gegeben oder zerstört werden. Dann spräche er als Matrose, der, ohne zu wissen, was er dabei tut, den Albatros *Dichtung* verhöhnt und verspottet. Seine *Defence of Poetry* würde unwillkürlich zu einer *Attack on Poetry*, aber eben nicht zu einem Angriff auf die Dichtung, der selbst Dichtung ist und etwa auch die Gesetze zerstören könnte, die enthalten, dass das Gesetzgeben oder Gesetzeszerstören von jenen, die nicht dichten, nicht anerkannt werden kann, nämlich geheim bleiben muss.

Man kann Shelleys Satz aber auch selbst als Dichtung in seinem Sinn lesen: als gesetzgebend oder gesetzeszerstörend. Dann würde Shelley, wenn er behauptet, dass das Gesetzgeben der Dichter nicht anerkannt werde, weil es geheim sei, den Unterschied zwischen dem Öffentlichen und dem Geheimen *machen*, doch diese, seine gesetzgebende oder gesetzeszerstörende Tat zugleich verbergen, indem er die Rolle dessen spielt, der, insofern er über die Dichtung spricht, kein Dichter ist und den Unterschied zwischen dem Geheimen und dem Öffentlichen einfach vorzufinden behauptet. Er würde sein Gesetzgeben oder Gesetzeszerstören unter der Tarnkappe dessen unsichtbar machen, der über die Dichtung so spricht, als würde sein Sprechen über Dichtung kein Dichten sein. Und damit spräche er auch so über Dichtung, als wäre sie eine künstliche Aufgabe, die nur fälschlich beanspruchen kann, natürliche Aufgaben zu lösen. Und täte er damit nicht auch so, als ob ihn die Matrosen auf dem Schiff *Welt* verspotten und verhöhnen könnten, ohne dabei gerade den Gesetzen zu folgen, welche er selbst durch die Dichtung gibt oder zerstört?

2

Ob man nun im Sinne Shelleys dichtend der Welt das Gesetz gibt oder jenes Gesetz zerstört, ob man den Unterschied zwischen künstlichen und natürlichen Aufgaben *macht*, genauso wie den Unterschied zwischen dem Geheimen und dem Öffentlichen, oder ob man – im Sinne Shelleys nicht-dichtend – jene Unterschiede zwischen Gesetzgebung und Gesetzeszerstörung, zwischen künstlichen und natürlichen Aufgaben oder zwischen dem Geheimen und dem Öffentlichen einfach vorzufinden behauptet: Das Spiel oder der Kampf zwischen den beiden Gliedern jener Unterscheidungen findet jedenfalls statt. Und gerade die Versuche, die Frage zu beantworten, in welchem Sinn die Dichtung Gesetze gibt oder nicht gibt, zerstört oder nicht zerstört, zeigen das.

Wer kennt nicht den Verdacht gegen die Dichtung, gegen die Dichter, der in der Behauptung gipfelt: Die dichterische Form der Gesetzgebung ist *eigentlich* eine Zerstörung der Gesetze.

Es mag damit zu tun haben, dass so häufig ein negativ besetzter Zusammenhang zwischen dem Begriff der Dichtung und den Begriffen *Rausch*, *Anarchie*, *Nihilismus*, *Irrationalismus* und *gesellschaftliche Unverantwortlichkeit* geschaffen wird; wie auch ein negativ besetzter Zusammenhang zwischen diesen Begriffen, dem Begriff der Dichtung und jenem einer natürlichen (nicht kultivierbaren) und geheimen (womöglich verbrecherischen) Aufgabe. Und über diesen negativ besetzten Zusammenhang sind sich auch so manche einig, deren Weltanschauungen ansonsten verschieden, ja einander entgegengesetzt sind.

Aber das sind vielleicht nur die plumpsten Matrosen, die es zu nicht mehr als zu direkten Angriffen, das heisst: zu Denunziationen, zur Zensur oder zum Verbot von Dichtung oder zur Verfolgung und Strafe von Dichtern bringen.

Etwas geschickter ist man da schon, wenn man *gute Gründe* dafür zu nennen behauptet, warum die Dichtung die Zerstörung von Gesetzen bedeutet.

Bekanntlich schon Platon schlägt in seinem *Staat* Sanktionen gegen die Dichter vor und lässt das Adeimantos so begründen: «Denn eine neue Art von Musik einzuführen, muss man sich hüten, weil es das Ganze gefährden heisst; denn nirgend wird an den Weisen der Musik gerüttelt, ohne dass die wichtigsten Gesetze des Staates mit erschüttert würden [...]». Eine neue Musik, das heisst: eine neue Dichtung – Musik und Dichtung waren *eine* Kunst im alten Griechenland – könnte also die Gesetze des Staates zerstören. Und ähnlich wie Shelley davon spricht, dass das *Gesetzgeben* der Dichtung nicht anerkannt wird, behauptet Platon, diese Gesetzeszerstörung finde unmerklich statt, vielleicht also geheim, und sagt über die Dichtung: «Sie richtet auch nichts an, als dass sie allmählich sich festsetzt und in aller Stille unter der Hand sich an die Sitten und Beschäftigungen heranmacht [...]»

Spricht da aus Platon (ähnlich wie aus jenen, welche die Dichtung direkt angreifen) nicht auch die Skepsis gegenüber einer Tätigkeit, die nicht ohne weiteres darauf beschränkt werden kann, eine künstliche Aufgabe und eine öffentliche Angelegenheit zu sein? Was soll ein Philosoph, dem es um das Wohl der menschlichen Gemeinschaft geht, von einer Tätigkeit halten, die aus sich selbst die Tendenz entwickelt, den fundamentalen Unterschied zwischen Künstlichem und Natürlichem wie auch den Unterschied zwischen dem Öffentlichen und dem Geheimen als Wirkung ihrer selbst begreifbar zu machen und also als etwas, das *auch* als *Gemachtes* verstanden werden kann? Womöglich *kündigt* eine solche Tätigkeit überhaupt den *Gesellschaftsvertrag mit der Wirklichkeit* (Adorno), jedenfalls mit der jeweiligen gesellschaftlichen Wirklichkeit, den Vertrag also mit all jenen Selbstverständlichkeiten, aber auch Traditionen, deren Anerkennung, wie es scheint, das Leben und das Überleben einer Gesellschaft ermöglicht.

*

Noch etwas verfänglicher oder geschickter sind die Versuche, aus jenem Zerstörungsverdacht eine erkenntnistheoretisch begründete Zurückweisung der Dichtung zu machen. Diese Versuche, welche die Aura von Analyse und damit auch von Objektivität haben, sollen die Vorstellung nahelegen, dass die Dichtung eine unbewusste oder atavistische, jedenfalls voraufgeklärte und damit auch vorwissenschaftliche oder vortheoretische Tätigkeit sei, die bestenfalls einen Weg zu den eigentlich erkenntnisfähigen Tätigkeiten darstelle; dass sie eine *natürliche Aufgabe* in dem Sinn sei, in dem vielleicht für die Vögel ihr Singen eine natürliche Aufgabe ist; eine natürliche Aufgabe, die keine Gesetze geben oder zerstören könne, weil sie selbst anderen, natürlichen und damit fundamentalen Gesetzen folge. (Und was erkennen denn die Vögel, wenn sie singen, von der Welt und auch von ihrem Gesang?)

Diese Versuche, die Dichtung aus erkenntnistheoretischen Gründen zurückzuweisen, behaupten, dass die Dichter das potenziell Theoretische und Wissenschaftliche ihrer Tätigkeit oder auch die Möglichkeit, aus ihr eine ernstzunehmende künstliche Aufgabe oder öffentliche Angelegenheit zu machen, nicht anerkennen würden, ja dass all das für sie selbst, solange sie sich als Dichter begreifen, geheim bleiben *müsse.* (So als wäre der Dichter ein Matrose wider Willen, der, ohne es bemerken zu können, die Albatrosse *Theorie* und *Wissenschaft* verhöhnt und verspottet, indem er sie, ohne das zu beabsichtigen, nachäfft.)

Doch ist dieses Zurückweisen der Dichtung aus *guten erkenntnistheoretischen Gründen* selbst ein altes, ja beinahe natürliches Lied, und es wurde und wird von vielen gesungen. Nicht nur wiederum Platon singt es, sondern auch Thomas von Aquin, wenn er die Dichtung als *infirma doctrina* bezeichnet, weil sie, wegen ihres Mangels an Wahrheit, für die menschliche Vernunft unverständlich sei. Und auch innerhalb einer dem Thomismus so entgegengesetzten Philosophie wie jener Hegels erscheint die Dichtung bekanntlich insofern als vorläufiges Stadium auf dem Weg des Bewusstseins zur Erkenntnis seiner selbst, als in ihr die Ideen ihr *sinn-*

liches Scheinen noch nicht abgestreift haben sollen. (Und man kann nicht behaupten, dass Hegel das nicht zu begründen wüsste.)

Und auch heute billigen Erkenntnistheorien der Dichtung in den seltensten Fällen zu, eine eigene und den theoretischen Formen von Erkenntnis gleichwertige Erkenntnisform zu sein.

Doch meist zeigt sich das nicht darin, dass man, wie Platon oder Thomas, gegen einen möglichen Erkenntnisanspruch von Dichtung argumentiert, sondern darin, dass man den Zeichengebrauch der Dichtung in erkenntnistheoretischem Zusammenhang gar nicht erst ernsthaft untersucht. Das Lied wird gesungen, indem man seinen Gegenstand verschweigt. Wenigstens gilt das für die meisten jener erkenntnistheoretischen Schriften, die sich nicht ihrerseits durch ihre Schreibweise als ernstzunehmende Gegner von Dichtung insofern zu disqualifizieren scheinen, als sie selbst keinen streng theoretischen Gebrauch von Zeichen machen.

Dass dieses Lied von der erkenntnistheoretischen Minderwertigkeit der Dichtung schon beinahe so lange gesungen wird, wie die Philosophie existiert, und dass es noch immer gesungen wird, ist natürlich kein *Argument* gegen das, was dieses Lied gegen die Dichtung vorbringt.

Wäre die Dichtung eine Form der Äusserung, die geeignet dazu ist, sich durch *gute Gründe* oder Argumente zu rechtfertigen, dann würde sie den Spiess vielleicht umdrehen und behaupten, dass es gerade umgekehrt sei: dass eine Philosophie, die der Dichtung aus erkenntnistheoretischen Gründen ihre Unvollkommenheit, etwa ihre Vorwissenschaftlichkeit vorwerfe, eine noch nicht zu sich selbst gekommene Poesie sei, eine Poesie, die noch nicht genug von jenen Bedingungen ihrer eigenen Erscheinung erkenne, welche sich in Form des jeweiligen theoriegemäßen Denkens nur unvollständig oder nur als Bild wiedergeben lassen. Eine solche Dichtung würde gegen die sie verkennende Philosophie argumentieren, dass deren Status als sowohl Übertragenes als auch Übertragendes erst dann erkennbar wäre, wenn sie sich selbst als eine Form von Dichtung begriffe und damit das Theoretische ihres Sprachgebrauchs als nur ein, wenn auch wesentliches, Moment ihrer Erscheinung. Und eine solche Dichtung würde behaupten, dass eine Philosophie, die das Theoretische ihres Sprachgebrauchs nicht als ein Moment einer sie umfassenden Transformation verstünde, selbst zur Unbewusstheit, zum Atavistischen, ja auch zum Vorwissenschaftlichen und schliesslich zur Selbst-Zerstörung verurteilt sei; und sie würde dabei daran erinnern, dass gerade die Versuche, den Maßstäben des Theoretischen und des Wissenschaftlichen in der Philosophie rigoros zu folgen, dazu geführt haben, die meiste Philosophie als unwillkürliche Poesie zu disqualifizieren, wenn nicht sogar alle Philosophie. So als ob dann alle Philosophie ihrerseits zwangsläufig zu einem poetischen Konstrukt würde, zu einem Bild, etwa zu der berühmten Leiter, die zur reinen wissenschaftlichen Erkenntnis nur hinführen können soll und die man wegzuwerfen habe, nachdem man auf ihr hinaufgestiegen sei. (Schöne philosophische, nämlich Zenon'sche Poesie: die Philosophie als die paradoxe Verewigung jenes unendlich kleinen Zeitraums, da man gerade im Begriff ist, den Ast, auf dem man sitzt, durchsägt zu haben.)

Nun, es gibt ja einige Beispiele dafür, dass in diesem Sinn, wenn vielleicht auch nicht gerade in Form von *guten Gründen*, Behauptungen gemacht werden. Novalis nennt die Poesie einmal die *Philosophie der Philosophie*, Nietzsche behauptet in einem berühmten Wort, die *Wahrheit* sei nichts als *ein bewegliches Heer von Metaphern*, und manche heutigen Philosophen, wie etwa Jacques Derrida, sprechen ihm das auf ihre Weise nach.

Doch gerade wenn etwa Nietzsche Recht hat, wie steht es dann mit dem Wahrheitsanspruch seiner eigener Behauptung? In welchem Sinn kann seine Behauptung zutreffen, wenn sie selbst nur die Übertragung von etwas anderem ist, und jenes andere, würde es philosophisch artikuliert, wiederum die Übertragung von etwas anderem wäre, usw., usw.? Oder stellt sich diese Frage nur, wenn man – womöglich gegen Nietzsches eigene Intention – ausschliesslich auf das sieht, was diese Behauptung *aussagen* soll, wenn man also, allgemeiner, ausschliesslich den Maßstab des Theoretischen und des Wissenschaftlichen in Anspruch nimmt? Insofern man dann ihr Übertragenes oder ihr Übertragendes nicht anerkennt, und jene Behauptung damit, ohne es zu bemerken, in die undurchsichtige Folge eines anderen und geheimen Gesetzgebens oder Gesetzeszerstörens verwandelt? Und sie damit wiederum nur als eine nichts als künstliche Aufgabe und öffentliche Angelegenheit anerkennen kann, die gerade deshalb mit untauglichen Mitteln versucht, eine ihr entgegengesetzte natürliche Aufgabe und geheime Angelegenheit zu lösen? So würde der Theoretiker, der sein eigenes Dichten nicht anerkennen würde, sogleich zu einem Matrosen wider Willen, der sich selbst oder seine Tätigkeit, ohne zu wissen, was er dabei tut, verspottet oder verhöhnt?

Doch eine Aussage nicht ausschliesslich als Aussage aufzufassen, sondern ihren Sinn auch als Moment einer Übertragung zu begreifen, das heisst doch andererseits schon, die Grenze zu überschreiten, die das Philosophieren vom Dichten trennt! Das heisst doch schon zu *dichten* und sich der Möglichkeit zu begeben, die Philosophie, das Philosophieren mit *guten Gründen* zu kritisieren! Wenigstens gemessen an dem Maßstab des Theoretischen und also auch des Erkenntnis-Theoretischen ist die Philosophie doch nicht eine nicht anerkannte oder geheime Dichtung!

Wer aber behauptet wiederum diesen Maßstab? Wenn, nach Shelley, der Dichter derjenige ist, der Gesetze gibt oder zerstört, dann doch wohl auch das Gesetz, welches die Grenze zwischen dem Philosophieren und dem Dichten bestimmt. Ein solcher Dichter könnte die Grenze so bestimmen, dass er mit Recht sowohl als Philosoph als auch als Dichter gelesen werden kann. (So geschieht es auch sowohl Nietzsche als auch Wittgenstein, die von vielen Dichtern als Philosophen gelesen werden und von vielen Philosophen als Dichter.) Und ein solcher Dichter könnte die Gesetze auch so geben oder zerstören, dass er von allen, die nicht dichten, als Philosoph gelesen würde, also als Dichter geheim bliebe, nämlich nicht anerkannt würde. Der Maßstab des Theoretischen, des folgerichtigen Argumentierens, aber auch der Maßstab des Wissenschaftlichen könnten ja für diejenigen, die dichten, *indem* sie Theorien aufstellen oder Wissenschaft treiben, gleichsam ihr Metrum sein, ihr Reim oder ihre Strophenform, das Gesetz ihrer *literarischen* Gattung!

(Aber wen könnte es dann wundern, wenn ein Philosoph wie etwa Platon diese poetische Sicht der Dinge als Zerstörung jener Gesetze begriffe, die wir als gegeben vorzufinden behaupten?)

Ausschliesslich einer jedenfalls, der dichtet, also im Sinne Shelleys Gesetze gibt oder zerstört, kann mit Recht behaupten, die Philosophie sei *entweder* die Tätigkeit von Matrosen, welche, ohne es zu bemerken, in ihrem Philosophieren ihr eigenes Dichten, ihren eigenen Albatros verhöhnen und verspotten, *oder* selbst ein Dichten, also das Geben oder Zerstören von Gesetzen.

Für alle aber, die nicht dichten oder nicht wissen, dass sie dichten – und sind das nicht wir alle fast zu jeder Zeit? –, ist dieser Gegenangriff der Dichtung auf die Philosophie nicht nur wenig überzeugend, sondern sie *können* ihn, wenigstens gemäß meiner Interpretation von Shelleys Wort, gar nicht anerkennen.

Wenn der schöne Flug des Baudelair'schen Albatros untersucht werden soll, um sein Gesetz zu erkennen, wie soll das möglich sein, wenn man selbst an diesem Flug teilnimmt, wie soll man denn im Flug durch den Flug das Gesetz seines eigenen Flugs erkennen und beschreiben können?

Und wenn man, umgekehrt, an dem schönen Flug des Albatros teilneh-
men will, also dichten, wie soll man das tun können, wenn man sich dem
Maßstab des Theoretischen bzw. jenem des Wissenschaftlichen unterwirft,
da diese Maßstäbe gerade enthalten, an dem Flug des Albatros nicht teilzu-
nehmen? Wenigstens als Matrosen glauben wir zu wissen: den Maßstäben
des Theoretischen und des Wissenschaftlichen gerecht werden können nur
jene, die vom Schiff aus einerseits als Philosophen den Maßstab des Theo-
retischen und des Wissenschaftlichen möglichst klar und deutlich erstellen
und beschreiben und ihn andererseits als Wissenschaftler gebrauchen, in-
dem sie den Flug beobachten und das Gesetz jenes Fliegens verbindlich zu
beschreiben versuchen.

Und wenn man im Gebrauchen dieses Maßstabs Hohn und Spott für den
Albatros zu erkennen glaubt, dann wendet man sich eben damit von dem
ab, was für alle auf dem Schiff, die nicht dichten, *Erkenntnis* heisst.

Doch auch der sich ständig erneuernde erkenntnistheoretische und wis-
senschaftliche Angriff auf die Dichtung führt, wie es scheint, zu keinem
endgültigen Sieg. Denn je präziser dieser Angriff, nämlich je besser, je aus-
gearbeiteter die Gründe, aus welchen er besteht, je mehr dem Maßstab des
Theoretischen und des Wissenschaftlichen gemäß er geführt wird, desto
weniger scheint dieser Angriff dazu imstande, das Spezifische poetischer
Erkenntnis zu erfassen, desto mehr scheint ein solches Theoriebilden oder
wissenschaftliches Forschen, ohne das selbst zu erkennen, nur seinen ei-
genen Maßstab zu verkörpern. Gerade auch die mit jenem Maßstab selbst
mitgegebene Voraussetzung dieses Angriffs, die darin besteht, sich von
seinem Gegenstand systematisch zu unterscheiden, also etwa an dem Flug
des Albatros, dessen Gesetz man zu beschreiben sucht, nicht selbst teilzu-
nehmen, scheint diesen Angriff dazu zu verurteilen, auf sich selbst zurück-
geworfen zu werden.

Und wie, andererseits, sollten der Dichtung Angriffe etwas anhaben kön-
nen, die sich ihrerseits mancher der Mittel von Dichtung bedienen, diese
Mittel also de facto als Erkenntnismittel anerkennen und insofern selbst
gegen den Maßstab des Theoretischen verstossen? (Wird nicht zu Recht
manchmal behauptet, sowohl Platons als auch Hegels Angriffe gegen die
Dichtung seien gerade insofern selbst-widersprüchlich, als sie selbst in so
vielen Hinsichten mit poetischen Mitteln geführt werden?)

*

Vielleicht noch überzeugender als die erkenntnistheoretisch begründeten Angriffe auf die Dichtung sind – weil sie sich der Einwände gegen die Dichtung und des negativen Werturteils über sie zu enthalten scheinen und sie immerhin so wichtig nehmen, dass sie sich eingehend mit ihr befassen – die so üblichen und weitverbreiteten Versuche, den Dichtern oder der Dichtung ihr angebliches Geheimnis, ihr angeblich Natürliches zu entlocken und das angebliche Geheimnisvolle und Natürliche in etwas als öffentlich zugänglich und somit als künstlich Vorausgesetztes zu übertragen. Alle die Versuche, das angebliche Geheime und Natürliche der Dichtung als fälschlich vorausgesetztes Geheimes und Natürliches darzustellen und jenes fälschlich vorausgesetzte Geheime und Natürliche zu entschlüsseln, zu enträtseln, indem man es in eine andere, angeblich grundlegende Sprache zu transponieren sucht, welche die Bedeutung der Dichtung wiedergeben soll! Alle die Versuche, das angeblich fälschlich vorausgesetzte Gesetzgebende oder Gesetzeszerstörende der Dichtung zu widerlegen und die Dichtung als Wirkung anderer, öffentlich wirksamer Gesetze darzustellen!

Da wird etwa die sogenannte schöpferische Persönlichkeit zerlegt, das heisst die Bedeutung des Werks durch biographische oder seelische Bedingungen seiner Entstehung wiederzugeben versucht, oder es werden sogenannte gesellschaftliche oder soziale Bedingungen des Entstehens einer Dichtung als das behauptet, woraus ihre Bedeutung wesentlich besteht. Da gibt es alle die Versuche, die Dichtung auf philosophische Systeme oder auf sogenannte *Weltanschauungen* zurückzuführen. (Die täglich und blindlings wiedergekauten Dummheiten der journalistischen «Vermittlung» von Kunst mit bestimmten – berichterstatteten – *Wirklichkeiten*, das heisst: öffentlichen Sprachen, sind nur die häufigsten und trivialsten Beispiele für diese Tendenz.)

Und allzu bereitwillig lassen sich die Dichter, lässt sich die Dichtung von all den so geschickten Versuchen umgarnen, sie auf eine öffentliche Angelegenheit oder auf eine künstliche Aufgabe zu reduzieren, von Versuchen, die sie in den Mittelpunkt einer Form von öffentlichem Interesse zu rücken scheinen; allzu häufig bietet die Dichtung, in einer Art vorauseilenden Gehorsams, sich selbst schon geradezu als Moment dessen dar, wodurch sie erklärt werden soll. So als ob sie zwanghaft der paradoxen Vorstellung folgte, sie könne sich und allen anderen die Notwendigkeit ihrer Existenz gerade damit beweisen, dass sie sich wesentlich auf anderes zurückführen lässt, wodurch sie doch das Eigentümliche ihrer Existenz gerade überflüssig machte. Und allzu fern liegt vielen Dichtern, vieler

Dichtung dabei die Möglichkeit, jene paradoxe Vorstellung wenigstens in das Moment eines Prozesses zu verwandeln, in dem aus der einseitigen Abhängigkeit von den Versuchen, die Dichtung auf etwas anderes zu reduzieren, eine Wechselwirkung zwischen ihr selbst und jenen Versuchen wird.

Ganz zu schweigen davon, dass für die meisten Dichter, für die meiste Dichtung die von Shelley heraufbeschworene Möglichkeit gar nicht zu existieren scheint, derzufolge die Dichter oder die Dichtung es selbst sind, welche erst allem anderen (und also auch den Versuchen, sie zu erklären) die Gesetze geben oder zerstören.

Jedenfalls gibt es keine Form von Reduktionismus, die an der Dichtung nicht schon versucht worden ist. Wenn etwa Jean Paul Sartre in seinem *Idiot der Familie* einige tausend Seiten aufwendet, um eine ganze Polyphonie solcher Reduktionen zu entwickeln, ein Netz verschiedenartiger Erklärungen, in dem sich das angeblich fälschlich vorausgesetzte Geheimnis und damit das fälschlich vorausgesetzte Gesetzgeben oder Gesetzeszerstören Flauberts oder seines Werks wie ein Knoten lösen lassen soll, dann bietet er ein schönes Beispiel für eine ganze Reihe solcher Möglichkeiten zu versuchen, das angebliche fälschlich vorausgesetzte Geheimnis *Dichtung* ins angeblich zu Recht vorausgesetzte Öffentliche zu übertragen und vielleicht auch die angeblich fälschlich vorausgesetzte natürliche Aufgabe *Dichtung* in eine Reihe von angeblich zu Recht als künstlich vorausgesetzten Aufgaben.

Aber auch hier könnte die Dichtung – wiederum angenommen, sie ist *auch* eine Form der Äusserung, die dazu geeignet ist, zu versuchen, *gute Gründe* zu geben – den Spiess umdrehen und das Poetische des Sartr'eschen Versuchs behaupten: Denn sind Sartres Erklärungen, seine Polyphonie von Reduktionen der Dichtung auf etwas anderes, nicht ihrerseits wiederum genau dann der Erklärungen bedürftig, wenn man annimmt, der Gegenstand jener Erklärungen sei es? Denn ist der Gegenstand seiner Erklärungen in dem Sinn ein natürlicher Gegenstand – etwas, das man einfach vorfindet –, und kann seine Erklärung in dem Sinn als Lösung für eine künstliche Aufgabe – für etwas, das man ausschliesslich macht oder herstellt – angesehen werden, in dem der Gegenstand einer Natur-Wissenschaft als natürlicher Gegenstand und seine Erklärung als Lösung einer künstlichen Aufgabe angesehen werden kann?

Wenn nun aber weder der Gegenstand von Sartres Erklärung in dem Sinn ein natürlicher Gegenstand ist – etwas, das man einfach vorfindet –, in dem der Gegenstand einer Natur-Wissenschaft ein natürlicher

Gegenstand ist, noch die Erklärung für diesen Gegenstand in dem Sinn die Lösung einer künstlichen Aufgabe, in dem eine natur-wissenschaftliche Erklärung die Lösung einer künstlichen Aufgabe ist, in welchem Sinn, der nicht selbst gerade wiederum in diese Fragen mündet, lässt sich dann Sartres Versuch einer Erklärung von ihrem Gegenstand unterscheiden?

Und nährt somit Sartres Schrift nicht den Verdacht, selbst eine Art Dichtung zu sein, geschrieben vielleicht von jenem Rimbaud'schen Sartre, der ein Anderer ist?

Entweder in dem Sinn, dass es genau umgekehrt sein könnte, als der Sartre weiss, der nicht ein Anderer ist, indem alle seine Erklärungen ihrerseits ihren Ausgangspunkt, ihre Ursache in jener Dichtung haben, ja ein Teil jener Dichtung sind, die sie zu erklären suchen, so dass sie ihrerseits auf diese Dichtung zurückgeführt werden können. (Und es wäre dann nur das für ihn fälschlich vorausgesetzte *Geheime* oder *Natürliche* des dichtenden Gesetzgebens oder Gesetzeszerstörens, das diesen Umstand verhüllt.) Oder in dem Sinn, dass jener Versuch Sartres nicht nur ein Teil des Hohns oder des Spotts der Matrosen ist, sondern diesen Hohn oder Spott auch auf grossartige, wenn auch etwas umständliche Weise darstellt, und damit aufs Neue offen lässt, ob mit diesem Versuch selbst das Gesetz gegeben oder zerstört wird und der Unterschied zwischen natürlichen und künstlichen Aufgaben oder dem Öffentlichen und dem Geheimen *gemacht* wird. Und würden Sartres Erklärungen damit nicht auch offen lassen, ob nicht erst sie selbst ihrem Gegenstand, den sie als fälschlich vorausgesetzten natürlichen und geheimen vorzufinden behaupten, das Gesetz geben oder zerstören, also zum Beispiel Flauberts Werken? (Wenn Shelleys *Defence of Poetry*, sofern sie nicht als Dichtung aufgefasst wird, zu einer Art *Attack on Poetry* werden kann, ohne dass Shelley dies weiss, dann könnte Sartres Versuch, sofern man ihn selbst als Dichtung auffasst, also als etwas, das Gesetze gibt oder zerstört, eine Art *Defence of Poetry* werden, ohne dass Sartre davon weiss.)

*

Am geschicktesten (wenn wohl auch nicht am überzeugendsten) wird die Dichtung im Sinne Shelleys – also als gesetzgebende oder gesetzeszerstörende Macht, auf der die Welt beruht – vielleicht dann angegriffen, wenn man den Dichtern oder auch sich selbst schmeichelt, sich ihrem so anmassenden Anspruch scheinbar unterwirft und die im Zusammenhang mit Dichtung negativ besetzten Begriffe mit positiv besetzten vertauscht; also zum Beispiel *Rausch* mit *Inspiration, Anarchie* mit *schöpferischem Chaos, Nihilismus* mit *dem Übermenschlichen, Irrationalismus* mit *Übervernunft.* Unversehens wird diese Umwertung einiger Werte zu einem Verhöhnen und Verspotten unserer selbst, von dem wir selbst gar nichts bemerken, so dass unsere Worte geradezu die Wirkung trojanischer Pferde haben. Denn auch wir selbst finden dann diese Worte als Ausdruck unserer inneren Zustände vor, machen sie uns mitsamt den ihnen mitgegebenen Unterscheidungen einfach zu eigen und geben vielleicht gerade damit die Möglichkeit aus der Hand, Gesetze zu geben oder zu zerstören; weil wir dabei, wie Hölderlin vielleicht auch in diesem Zusammenhang gesagt hätte, unsere *Nüchternheit verlieren* und damit zum Schaden unserer Dichtung unserer *Begeisterungsfähigkeit eine Grenze gezogen wird.* So werden wir, auch wenn wir zu dichten glauben, unversehens die Matrosen von anderen oder anderem; zu Matrosen, die nur die Gesetze befolgen, die ihnen gegeben oder zerstört werden, ohne dass sie das bemerken.

Damit ist für uns selbst unsere Aufgabe eine *natürliche Aufgabe* geworden, der gegenüber wir nicht nur andere menschliche Tätigkeiten als künstliche Aufgaben herabsetzen, sondern auch den Versuch, unsere eigene Aufgabe zu verstehen. So als müsste ein solcher Versuch zwangsläufig der Versuch zu einer falschen Öffentlichkeit sein; so als müssten wir das, was, wenn man nicht dichtet, vielleicht als Geheimes behauptet werden *muss,* auch vor uns selbst als Geheimnis bewahren, wenn wir dichten; so als ob das Gesetzgeben oder Gesetzeszerstören und sein Erkennen und Anerkennen einander auch dann ausschliessen müssten, wenn wir dichten; so als ob wir nicht gerade damit, ohne es selbst zu bemerken, und genau so wie die Baudelair'schen Matrosen, die Dichtung verhöhnen und verspotten würden.

Und wer weiss: vielleicht ist noch in Shelleys Ausspruch, insofern er nicht selbst Dichtung ist – und also nicht Dichtung durch Dichtung verteidigt) –, etwas von dem Gift zu fühlen, das durch jene Umwertung einiger Werte manchmal erzeugt wird.

3

So wie die Dichtung verdächtigt wird, sich nicht auf eine künstliche Aufgabe beschränken zu lassen, sondern sich anzumassen, auch eine natürliche in dem Sinn zu sein, dass sie sowohl dem, was wir als Wirklichkeit, als auch dem, was wir als Sprache vorzufinden glauben, die Gesetze gibt oder zerstört, wird sie andererseits auch verdächtigt, eine Aufgabe zu sein, die nicht natürlich genug ist. Wie wir als Matrosen, die auf dem Schiff *Welt* alle Hände voll zu tun haben, glauben, der reinen Theorie, der reinen Wissenschaft, zum Beispiel der Mathematik, deshalb zu misstrauen, weil ihr das abzugehen scheint, was häufig *Bezug zur Praxis* genannt wird, so misstrauen wir auch der Dichtung.

Ja, wenn wir als Verfechter des Unmittelbaren auftreten, der reinen, unvermittelten Tat, ist uns die Dichtung gerade insofern ein grösseres Ärgernis oder eine grössere Gefahr als irgendeine reine Wissenschaft, als wir gute Gründe dafür haben, die Dichtung als verführerischen Zwitter aus Theorie und Tätigkeit zu verstehen: Sie ist uns dann etwas, das – ohne auf die Möglichkeit zu verzichten, dass Zeichen dazu da sind, auf etwas anderes, von der Tätigkeit des Dichtens Unabhängiges, zu verweisen – andererseits auch die Möglichkeit nicht preisgibt, jenes andere aus sich selbst hervorzubringen, also die Wirklichkeit, auf die sie zu verweisen scheint; – als ob diese Wirklichkeit das Ergebnis semiotischer Taten oder Untaten des Dichtens wäre. Eine so verstandene Kunst erhebt oder versteigt sich zu einem Totalitäts- und Absolutheitsanspruch, der genau jenem des katholischen Dogmas von der realen Präsenz Christi in der Verwandlung von Brot und Wein entspricht. Symbolisches Geschehen und nicht-symbolisches Geschehen sollen in einer Synthese aufgehoben werden, die ermöglicht, den Unterschied zwischen dem Symbolischen und dem Nicht-Symbolischen genau in dem Sinn zu *machen*, in dem, nach meiner Interpretation von Shelleys Wort, der Unterschied zwischen dem Geheimen und dem Öffentlichen oder der Unterschied zwischen einer künstlichen und einer natürlichen Aufgabe dann *gemacht* wird, wenn Dichtung das ist, was Gesetze gibt oder zerstört.

Während man also eine reine Wissenschaft wie die Mathematik, ihrer Reinheit zum Trotz, wenigstens als ein präzises Instrument dazu benützen *kann*, um in *die Wirklichkeit* gezielt einzugreifen, oder aber, wie im Fall der Geisteswissenschaften, die Abgehobenheit, das Tatenlose, das Künstliche ihrer Aufgaben, also das Theoretische ihrer Erscheinungsform offen dazuliegen scheint, gibt die Dichtung vor, selbst die ganze Praxis zu sein; ein Wort, das eine Tat oder Untat wird, oder eine Tat oder Untat, die ein Wort wird.

So steht der Kritik jener, für welche die Dichtung eigentlich eine Zerstörung der Gesetze ist und eine allzu natürliche und geheime Aufgabe, eine andere

Kritik gegenüber. Sie wirft der Dichtung vor, sie sei in dem Sinn eine allzu künstliche Aufgabe, dass sie nichts bewirke als sich selbst, dass die Lösungen, die sie biete, schon in den Aufgaben enthalten seien, die sie sich stelle, während sie doch so tue, als bewirke oder löse sie vieles andere oder sogar alles andere. Und gerade dieser falsche Anschein einer umfassenden gesetzgebenden oder gesetzeszerstörenden Tat, den die Dichtung erwecke, bringe es mit sich, dass die Dichtung tatsächlich gesellschaftlich zerstörerische Wirkung habe, insofern sie eben keinen Raum lasse für jene Taten auf dem Schiff *Welt*, die dazu beitragen könnten, es auf dem richtigen Kurs zu halten oder gar vor dem Untergang zu bewahren.

Hinter dieser Kritik steht die Forderung, dass alles, was gedacht wird, Mittel sein sollte, bestimmte Taten vorzubreiten, die entweder selbstverständlich öffentlich sind oder jederzeit öffentlich gemacht werden können. Nur diejenigen Formen des Gebrauchs von Sprache scheinen dieser Kritik gerechtfertigt, welche zum Mittel gemacht werden können, natürliche Aufgaben zu lösen; nur solche Formen des Gebrauchs von Sprache also, die sich in Taten *umsetzen* lassen. Wir haben es oft genug gehört, und wir werden es noch oft genug zu hören bekommen: Die Welt soll nicht interpretiert, sondern verändert werden. Was ist dann mit einer Tätigkeit anzufangen, die sich zu dem Anspruch versteigen kann, der Anfang, das Ende aller anderen Tätigkeiten und damit auch aller Veränderungen zu sein, mit einer Tätigkeit, die auch den Unterschied zwischen Interpretation und Weltveränderung auf ihr Spiel setzt? Was soll man mit einer Welt machen, die – etwa nach Mallarmé – in ein Buch mündet oder die aus einem Buch entspringt? Und das noch dazu *geheim* und durch die Dichter oder die Dichtung – wie jedenfalls die Matrosen behaupten, wenn sie tatsächlich Matrosen sind und den Unterschied zwischen sich selbst und jenen, die dichten, nicht *machen*, sondern einfach vorzufinden behaupten.

*

Liegt es in der *Natur* des Zusammenspiels oder des Konflikts zwischen dem Dichten (den Gesetzen dieser Kunst) und dem empirischen Ich des Dichters (welches das der Matrosen selbst ist), dass die Dichter den Hohn und den Spott der Matrosen als Vorwürfe ernstnehmen und sich dazu verurteilen, die Matrosen und ihre Vorwürfe bis zu dem Punkt nachzuahmen oder zu erleiden, an dem sie selbst zu höhnenden, spottenden, aber auch vorwurfsvollen Matrosen werden und damit das Gesetz jenes Nachahmens oder Erleidens nicht mehr selbst zu geben vermögen? So wie sich die

Dichter das Ummünzen von *Rausch* in *Inspiration*, von *Anarchie* in *schöpferisches Chaos*, von *Nihilismus* in das *Übermenschliche* oder von *Irrationalismus* in *Übervernunft* gerne gefallen lassen, obwohl sie vielleicht gerade damit die Möglichkeit des Gesetzgebens oder des Gesetzeszerstörens aus der Hand geben, so sehr gehen ihnen die Vorwürfe der Matrosen in Fleisch und Blut über, etwa der Vorwurf, dass die Dichter ihnen, gerade wenn sie und weil sie *dichten*, auf dem Schiff *Welt* tatenlos bei ihrer Arbeit zusähen und damit in Kauf nähmen, dass das Schiff vom rechten Kurs abkomme oder gar untergehe.

Und was für turbulente Dialektiken der irritierte moralische Sinn da hervorruft! Da glauben und treten die Dichter an die sogenannte Öffentlichkeit und dekretieren, dass sie alle Matrosen seien und alle Matrosen wiederum unter allen Umständen Dichter, dass die Welt selbst eine künstliche Aufgabe sei, etwa eine *soziale Plastik*, und jede Tat, oder überhaupt alles, was geschieht, ein *poetischer Akt*, also eine Art Wort.

Wir kennen alle die proklamierten Aufhebungen der Grenzen zwischen dem ästhetischen und dem nicht-ästhetischen Gegenstand, zwischen Kunst und Leben, Kunst und Nicht-Kunst, zwischen künstlichen und natürlichen Aufgaben, vielleicht auch zwischen geheimem, also dichtendem Gesetzgeben oder Gesetzeszerstören und ihren öffentlichen, nicht erdichteten Gegenstücken.

So schreibt André Breton im *Zweiten surrealistischen Manifest*: «Die simpelste Tat des Surrealisten ist, mit Revolvern in den Händen auf die Strasse zu gehen und wahllos wie wild in die Passanten zu ballern.» So soll, wie in Antonin Artauds *Theater der Grausamkeit*, die Welt selbst – und diese Formel ist nicht zufällig paradox – ein entliterarisiertes Totaltheater werden und zugleich das Theater die Welt nicht nur bedeuten. Und so behauptet der Dadaist Raoul Hausmann (vielleicht wie Hugo Ball fasziniert und beeinflusst von Anarchisten wie Bakunin oder Kropotkin): «Die künstlerische Phantasie ist Sabotage am Leben, sie ist romantisch, retrospektiv und dumm.» Und wenn Oswald Wiener (in Zusammenhang mit dem *Wiener Aktionismus*) «Schluss mit der Wirklichkeit» fordert, dann heisst das gemäß jenen paradoxen Formen natürlich auch: *Schluss mit der Kunst*. (Denn die Kunst und der Unterschied zwischen Kunst und Wirklichkeit gehören zu der Wirklichkeit, mit der Schluss gemacht werden soll.)

Und wie widersprüchlich, dass hier – nicht anders als angeblich in der Kunst, gegen die sich solche Sätze richten – die Sätze oder Programme, diese *starken Sprüche*, wiederum nur auf die Taten verweisen, die sie fordern, dass sie sich somit selbst vor allem als künstliche Aufgaben begreifen lassen müssen, die den Unterschied zwischen sich und dem, worauf sie verweisen, als Vorgefundenes behaupten. Diese Sätze sind, wenn es Ohrfeigen sind, nur Ohrfeigen für den öffentlichen Geschmack! Hätte da Shelley vom Standpunkt des geheimen Gesetzgebers aus nicht antworten können: Mit diesen starken Sprüchen, mit solchen Programmen folgt ihr genau den Gesetzen, die schon gegeben sind, und also findet ihr den Unterschied zwischen künstlichen und natürlichen Aufgaben oder zwischen dem Öffentlichen und dem Geheimen erst recht vor, und somit habt ihr die Köder *Wirklichkeit* und *Sprache* geschluckt, ohne es zu bemerken? Nicht nur mit roher Gewalt nicht, sondern auch nicht mit roher Rede-Gewalt können Gesetze gegeben oder zerstört werden. (Und Shelley könnte alle beklagen, die nicht auf dem Kamm der Welle zu reiten vermögen, die damit hergestellt wird, dass das Unmittelbare und das Vermittelte oder Symbolische, das Künstliche und Natürliche einander wechselseitig hervorbringen oder vernichten.)

Aber die Aktionen selbst, die Taten, die jenen Sätzen oder Programmen folgten, die natürlichen Lösungen für angeblich natürliche Aufgaben!

Findet man das Schiff *Welt* mitsamt der hohen See, auf der es sich befinden soll, *tat-sächlich* vor, dann kann man, so viel Stoff von dieser Welt man auch sprengen mag, dieses Schiff dennoch nur so umbauen, dass es stets das Schiff *Welt* bleibt. Wenn also durch jene Aktionen oder Taten Gesetze gegeben oder zerstört worden sind, wenn es poetische Akte gewesen sind, dann, so müssen die Matrosen oder die Dichter oder auch Shelley *als* Matrose oder Dichter sagen, im Geheimen, das heisst: in der Kunst, zum Beispiel in der Dichtung, dort, wo das Schiff *Welt* sich wesentlich damit darstellt, dass ihm das Gesetz gegeben oder zerstört wird, so dass der Unterschied zwischen künstlichen und natürlichen Aufgaben nicht einfach vorgefunden wird, sondern gemacht.

Doch die Turbulenzen jener Dialektik können auch andere Wellen schlagen. Aus dem Vorwurf der Matrosen, dass die Aufgaben der Dichter nur künstlich und geheim sind und die Dichter selbst auf dem Schiff *Welt* nur unbrauchbar herumstehen und nichts dazu tun, es auf dem rechten Kurs zu halten, aus der Not dieses Vorwurfs lässt sich so leicht eine Tugend machen. Wie man als Dichter oder als sein Souffleur zum Beispiel aus *Rausch Inspiration* macht, so macht man daraus, dass man sich selbst mit den Augen der Matrosen als nutz- und tatenlos sieht, den tapferen, ja heroischen Aussenseiter: den, der abseits steht, der ein ganz Anderer ist. Man wird dann zu dem, der – für sich sein Einziger und sein Eigentum – sich selbst in seinem Leben die Gesetze zu geben und zu zerstören glaubt; man wird etwa zu einem *poète maudit* (so der bekannte Titel einer Essay-Sammlung Verlaines). Doch wird man damit nicht, wenigstens als Matrose, als einer, der gerade nicht dichtet (und etwa auch *keine* Essays schreibt), zum Opfer eines *Lebensstils*, eines *Stils* in einem zweifelhaften Sinn des Wortes, der vor allem davon lebt, dass er sich negativ definiert, sich von anderem abhebt, zum Beispiel die *bourgeois epatiert*? Das kommt davon, wenn man das Wort Shelleys oder das Bild aus Baudelaires Gedicht empirisch nimmt und scheinbar praktische, jedenfalls *öffentliche* Konsequenzen aus der romantischen Idee des schöpferischen und insofern gesetzgebenden oder gesetzeszerstörenden Künstlers zieht. Man findet jene Idee dann als Kulisse eines wenig klugen Ich wieder, das nicht weiss, dass es spielt, das heisst: das nicht weiss, dass es eine künstliche Aufgabe für eine natürliche hält oder eine natürliche Aufgabe für eine künstliche, und dennoch den Unterschied zwischen künstlichen und natürlichen Aufgaben blindlings voraussetzt. So wendet man das wüste, exzentrische Gewand des Dichters als Aussenseiter oder gar als Ausgestossener, und es kommt als Innenfutter das als konformistisch verhöhnte Matrosengewand zum Vorschein. Der Dichter aber, als Einzelner oder Einziger, ist dazu verurteilt, nichts davon zu bemerken und diesen Begriff von sich selbst, als von ihm selbst unverstandene soziale Rolle, zu erleiden. Während der gefangene Albatros glaubt, den Matrosen die Freiheit vorzufliegen, äfft er doch nur unwillkürlich die Matrosen nach, verhöhnt und verspottet sie, die doch ihrerseits ihn verhöhnen und verspotten, indem sie ihn nachäffen.

*

Jene Dialektiken müssen allerdings nicht bis zur paradoxen, nämlich öffentlich anzuerkennenden, Gleichsetzung von Dichtung und Wirklichkeit, von natürlichen und künstlichen Aufgaben oder bis zur paradoxen, nämlich öffentlich anzuerkennenden, Behauptung der Abschaffung von Kunst durch Kunst führen – als ob künstliche Aufgaben durch künstliche Aufgaben abgeschafft werden könnten, die als solche *vorgefunden* werden – oder auch zu der künstlichen und paradoxen Behauptung der Abschaffung von Wirklichkeit durch wirkliche Taten (als ob natürliche Aufgaben durch natürliche Aufgaben abgeschafft werden könnten, die als solche *vorgefunden* werden). Sie müssen auch nicht dazu führen, dass der Dichter sich dazu veranlasst sieht, das Wort Shelleys oder das Bild Baudelaires empirisch zu nehmen, sich selbst zum Einzelnen und Einzigen zu stilisieren, so als ob ein Gesetzgeben oder Gesetzeszerstören unter den Umständen eines bestimmten Lebens nicht insofern selbstwidersprüchlich wäre, als es auf der Grundlage von Gesetzgebungen oder Gesetzeszerstörungen stattfindet, die einfach vorgefunden werden.

Jene Dialektiken führen deshalb üblicherweise nicht so weit, weil der Unterschied zwischen natürlichen und künstlichen Aufgaben mitsamt den schon damit vor-gegebenen Gesetzen meistens anerkannt wird, und sowohl die Dichtung als öffentliches Hilfsmittel dafür angesehen wird, die schon vorgegebenen Dinge zu verändern, zu re-formieren, als auch der Dichter – auch von sich selbst – ohne weiteres als jemand begriffen, dem sehr wohl bestimmte gesellschaftliche Funktionen eignen.

So wie jene geschickten Matrosen, welche die Dichtung und die Dichter als geheime Gesetzgeber oder Gesetzeszerstörer der Welt nicht direkt angreifen oder verurteilen, sondern die Gegenkünste ihrer Reduktionen auf irgendeine andere Form von Erklärung oder Theorie inszenieren, so versuchen die geschickteren Verfechter von Unmittelbarkeit oder Praxis, die Dichtung – als wäre sie eine Art angewandte Wissenschaft – als Instrument zu verstehen, das die Welt so darstellt, dass diese Darstellung dieses oder jenes Bestimmte in der Welt bewirken können sollte. Wenn wir die Welt schon interpretieren müssen, dann wollen wir sie so interpretieren, dass wir damit ihre Veränderung vorbereiten.

(Romanhaft träumen wir von Romanen, die Revolutionen verursachen, Gedichten, die Waffen sind, vorzüglich Messer, also gleichsam von einer Literatur aus geweihten Kanonen. Ach, alle diese Worte, die man in die Welt setzt, als wären sie entweder ausschliesslich Metaphern oder ausschliesslich keine Metaphern, wenn man die Dichtung nicht *als* Dichtung versteht, und den Unterschied zwischen wörtlicher und übertragener Rede nicht *macht*, sondern einfach vorfindet!)

Damit wird die Dichtung, wie die Wissenschaft, zu einer künstlichen und öffentlichen Aufgabe, zu einem Mittel dafür, andere, nämlich natürliche, Aufgaben zu lösen. Die Künste, und also auch die Dichtung, sollen nützlich sein: ob nun ihr Nutzen darin bestehen soll, die Frömmigkeit oder Gottesfurcht zu fördern, oder darin, soziale Veränderungen vorzubreiten, oder darin, in einprägsamer Weise nützliches Wissen zu vermitteln.

Und wie viele Dichter, vergessend, dass sie dichten, nehmen sich diese Kritik der Praktiker allzu sehr oder auf die falsche Weise zu Herzen! Wir wollen dann dichten, aber zugleich öffentliche, das heisst: für alle beobachtbare, Gesetze der Wirkung unserer Dichtung annehmen: Wenn ich diese oder jene symbolischen Stoffe vermische, dann soll sich diese semiotische Chemie ihrerseits mit andersartigen, nicht-semiotischen Chemien auf vorhersehbare Weise vermischen. Und das, obwohl ich den Unterschied zwischen den semiotischen Chemien – die ich als solche im übertragenen Sinn des Wortes ansehe – und den wirklichen Chemien – jenen im angeblich wörtlichen Sinn – als selbstverständlich vorzufinden behaupte!

Wir wollen, mit anderen Worten, unser, nach Shelley, nicht anerkanntes und geheimes Gesetzgeben oder Gesetzeszerstören in ein öffentliches und anerkanntes verwandeln.

Und natürlich gehen wir dabei häufig strategische Allianzen mit jenen ein, die versuchen, das für sie fälschlich vorausgesetzte Geheimnisvolle zu entschlüsseln oder zu enträtseln, in als öffentlich zugänglich Vorausgesetztes zu übersetzen. – Denn erst eine öffentlich anerkannte Sprache soll ein Instrument dafür sein können, die Welt zu verändern; erst eine öffentlich anerkannte Sprache soll zu nützlichen Handgriffen der Matrosen auf dem Schiff *Welt* veranlassen können.

So wird uns die Dichtung zu etwas, das für etwas anderes da sein sollte. Immer soll sie eine abgeleitete, sekundäre Form der Äusserung sein. Sofern sie keine Tat ist, welche die Welt tatsächlich verändert, ist sie uns nichts, und sie ist uns nur etwas, sofern sie dazu gebraucht werden kann, die Welt zu verändern. Damit sie aber dazu gebraucht werden kann, die Welt zu verändern, muss sie, falls sie Rätsel aufgibt, in eine öffentliche Sprache übersetzt werden. (Lassen sich nicht viele unserer Missverständnisse, unsere eigene soziale Rolle betreffend, darauf zurückführen, dass wir einerseits die Manipulation von Symbolen als eine Art Ursache für bestimmte Veränderungen anderer Dinge ansehen, andererseits aber voraussetzen, dass die Unterschiede zwischen Künstlichem und Natürlichem, zwischen Geheimem und Öffentlichen, alle die Gesetze, die nach Shelley durch die Dichtung gegeben werden, nicht *gegeben* oder *zerstört* werden können, sondern nur vorgefunden und dann bestenfalls verändert?)

4

Da nun die Matrosen ständig in die Dichter und in die Dichtung übergehen, während sich die Dichtung ständig in die Matrosen und das Schiff *Welt* verwandelt, haben sie einander entweder nichts vorzuwerfen oder eben alles: Wenn wir *als* Matrosen die Dichtung als ein für alle Male künstliche Aufgabe oder als abgeleitete, ausschliesslich symbolische Tätigkeit in einer natürlich vorgefundenen Welt verstehen, dann neigen wir *als* Dichter dazu (wenn auch vielleicht nur in dem Augenblick, da wir in Matrosen übergehen), die Dichtung zur natürlichen Aufgabe zu verklären, der gegenüber alle anderen menschlichen Tätigkeiten als abgeleitete, künstliche Aufgaben herabgesetzt werden. Verstehen wir aber *als* Matrosen die Dichtung als ein für alle Male natürliche Aufgabe, die gerade deshalb das vernünftige und also künstliche Ordnen auf dem Schiff *Welt* behindere, dann neigen wir *als* Dichter dazu (wenn auch vielleicht wieder nur in dem Augenblick, da wir in Matrosen übergehen), die Dichtung zur nichts als künstlichen Aufgabe zu verklären, der gegenüber alle anderen menschlichen Tätigkeiten als nichts als natürliche Aufgaben herabgesetzt werden.

Ob es mit der Wirkung des Gifts zu tun hat, das in jeglicher Verklärung der Dichtung enthalten sein mag, dass die Dichter und auch die Dichtungen so häufig den Spiess umzukehren versuchen, dass für sie die Dichtung so häufig zu einer Art *Attack on the World* wird? Wie oft wird da nicht behauptet, dass die Gesetze, denen alle folgen, eine Zerstörung jener Gesetze sei, die besser seien und sich in der Dichtung zeigten oder sogar von ihr gegeben würden. Und das betrifft nicht nur die, wie es scheint, ausschliesslich gesellschaftlichen und öffentlichen Angelegenheiten. Selbst die Naturgesetze geraten in Verdacht, die besseren, die erdichteten Gesetze zu zerstören. Hätte Novalis – von dem Shelleys berühmter Satz von den Dichtern als den nicht anerkannten Gesetzgebern stammen könnte – nicht dekretieren können: Dichten heisst, die Natur und ihre Gesetze zu einer künstlichen Aufgabe zu machen? Womit auch unterstellt würde, dass es den Dichtern frei stehe, die künstliche Aufgabe der Naturgesetze durch andere künstliche Aufgaben, das heisst: durch andere erdichtete Gesetze zu ersetzen. (Und es gibt auch die literarischen Formen und Bewegungen, welche sich vielleicht vor allem diesem Impuls verdanken: das Märchen, den Surrealismus, ja auch noch die Science Fiction.)

Häufiger aber wird den Dichtern oder der Dichtung die Gesellschaft oder das Schiff *Welt* zu einer Maschine, die jene tieferen Gesetze zerstört, auf denen sie beruht, zu einer Maschine also, die sich selbst zerstört! Wie, zum Beispiel und Pars pro Toto, ist der allgemein übliche Sprachgebrauch da nicht verdächtigt worden! Als Generator von Missverständnissen, als sprach-, erkenntnis- oder einsichtzerstörend, als das, was alles Verständliche verhindert oder vertreibt, wobei die Erkenntnis dieser Unverständlichkeit konsequenterweise jenen verborgen oder geheim bleibe, die sich dieser Sprache ohne weiteres bedienen. Man denke nur daran, was Dichter wie Stephane Mallarmé oder Stefan George dazu gesagt haben, aber auch Hugo Ball und die avantgardistischen Poetiken der fünfziger und sechziger Jahre! Und zu dieser Vorstellung von der Gesellschaft oder dem Schiff *Welt* als einer Maschine, die jene tieferen Gesetze zerstört, auf denen sie beruht, gehört auch, dass – wiederum als Pars pro Toto für alle gesellschaftlichen Institutionen – vielen Dichtern das Gesetz im wörtlichen Sinn, insbesonders das jeweils geltende Recht, verdächtig ist. Sie sehen es als schlechtes Beispiel für das an, was sie besser vermöchten, wenn man sie nur liesse. Das jeweils geltende Recht ist ihnen offenbar die groteske Karikatur oder auch die Zerstörung der besseren Gesetzgebung, die durch die Kunst stattfindet oder stattfinden sollte. Der Mechanismus *Gesetz, Gesetzesübertretung, Strafe* wird zu einer groben Vereinfachung und Verdinglichung des unendlich nuancenreichen und genauen Arbeitens des moralisch-ästhetischen Sinns. Wenn etwa in Robert Musils *Mann ohne Eigenschaften* staatliches Recht und Rechtsprechung anhand des Falls Moosbrugger dargestellt werden, dann stellt der Erzähler des Romans der Grobschlächtigkeit eines staatlichen Rechts und einer Rechtsprechung das Ideal einer womöglich unendlichen Genauigkeit im Umgang mit der eigenen Seele gegenüber. Jenes Recht, jene Rechtsprechung erscheinen da gerade um der Starrheit und Grobheit der involvierten klassifizierenden Begriffe und um des plumpen Determinismus ihrer Anwendung willen entweder als *natürliche Aufgabe*, die vielleicht durch die *künstliche Aufgabe* einer Selbst-Erfindung in dem Medium der Musil'schen Romankunst ersetzt werden sollte, oder, um der selben Eigenschaften willen, als *künstliche Aufgabe*, welche vielleicht durch die *natürliche Aufgabe* einer Selbst-Entdeckung im Medium der Musil'schen Romankunst ersetzt werden sollte.

Ist aber diese Deutung von Dichtung als einer Art *Attack on the World* nicht wiederum die Deutung eines Matrosen? Eines Matrosen, der die Köder *Wirklichkeit* und *Sprache* verschluckt hat und damit dazu verurteilt worden ist, sich auf dem Schiff *Welt* vorzufinden und also auch den Unterschied zwischen dem Künstlichen und dem Natürlichen oder zwischen dem Öffentlichen und dem Geheimen?

Vielleicht lese ich diese zu attackierende, öffentliche Welt zum Beispiel aus Novalis' *Heinrich von Ofterdingen* oder aus Musils Roman erst heraus, vielleicht dichte ich sie, auch jetzt, da ich scheinbar aufgehört habe, in jenen Romanen zu lesen. Wie, wenn auch Novalis und Musil oder ihre Leser Dichter sind, die uns, ob nun geheim oder öffentlich, Gesetze geben oder zerstören? Vielleicht haben wir *auch* ihnen zu verdanken, dass wir, sofern wir dichten, die Unterscheidung zwischen künstlichen und natürlichen Aufgaben, zwischen dem Öffentlichen und dem Geheimen nicht vorfinden müssen, sondern dabei sein können, wenn diese Unterscheidungen gemacht werden.

5

Es werden in diesem Aufsatz manche Unterscheidungen getroffen, nicht nur jene zwischen Gesetzgeben und Gesetzeszerstörung, zwischen dem Öffentlichen und dem Geheimen, zwischen künstlichen und natürlichen Aufgaben wie auch zwischen dem, was man *macht*, und dem, was man *vorfindet*. Vielleicht, um, wie Novalis in seinem berühmten *Monolog* schreibt, *das Wesen und Amt der Poesie anzugeben zu versuchen* und damit, nach Shelley, auch das Wesen aller anderen Dinge. Aber wie, wenn – wie sich Novalis in seinem *Monolog* fragt – damit *keine Poesie zu Stande kommt?*

Wie also, wenn jene Unterscheidungen hier nicht *gemacht* werden, sondern *vorgefunden?* Wüsste man dann, wie Novalis schreibt, dass man ganz *was Albernes über diese Dinge* gesagt hätte, eben insofern man sie gesagt hätte, ohne zu dichten, und also damit kein Gesetz gegeben oder zerstört und den Unterschied zwischen der natürlichen Aufgabe *Dichtung* und der künstlichen Aufgabe, das Wesen und Amt der Poesie anzugeben, einfach vorgefunden hätte?

Doch wenn man jetzt behaupten würde, hier komme sehr wohl Poesie zu Stande, da jene Unterschiede sehr wohl *gemacht* würden und also nicht einfach vorgefunden? Wüsste man dann mit Shelley doch, dass das nicht anerkannt würde und deshalb geheim bleiben müsste, dass kein Mensch einen verstehen könnte, der nicht genau dasselbe *machte* wie man selbst?

Was aber heisst das überhaupt, eine Unterscheidung *machen*, und was heisst das, sie einfach *vorfinden?* Wie weiss man, ob man eine Unterscheidung *macht* oder ob man sie *vorfindet?* Wer oder was soll denn zwischen dem, der im Sinne Shelley tatsächlich so dichtet, dass er Gesetze gibt oder zerstört, und einem betrunkenen Matrosen unterscheiden, der sich einbildet, dass das Schiff *Welt* seiner Trunkenheit zu Gebote steht, da doch der Dichter und der Matrose ununterbrochen ineinander übergehen oder auseinander hervorgehen? Und gerade deshalb würde es doch andererseits auch nichts helfen, an nichts anderes zu glauben, als dass man nüchtern und der Matrose sei, der alles Wesentliche, das ganze Schiff *Welt* vorfinde, denn es könnte ja sein, dass man gerade in den Dichter übergegangen ist, der das Gesetz mit diesem Glauben erst gibt oder zerstört.

Wenn ich also behaupte, niemand als ich selbst könne mir sagen, ob hier in Shelleys Sinn, das heisst: im Sinn eines tatsächlichen Gebens oder Zerstörens von Gesetzen, Unterschiede gemacht werden, oder ob jene Unterschiede und die Gesetze, auf denen sie beruhen, einfach vorgefunden werden, dann könnte ich genauso gut sagen, niemand und nichts können mir sagen, ob hier Unterschiede und die Gesetze, auf denen sie beruhen, gemacht oder ob sie einfach vorgefunden werden. Denn worauf verlasse ich mich, wenn ich mich auf mich selbst verlasse? Auf etwas, das ich im Sinne Shelleys *mache*, oder auf etwas, das ich *vorfinde*? Wie soll ich da den Unterschied zwischen Künstlichem und Natürlichem, zwischen Öffentlichem und dem Geheimem *entweder* machen *oder* vorfinden, wenn das, was ich als mich selbst vorfinde, und das, was ich als mich selbst mache, ständig ineinander übergehen oder auseinander hervorgehen, genauso wie jenes Ich, das ein Anderer ist, und jenes andere, das ein Ich ist, oder wie die Dichter in Matrosen übergehen oder aus ihnen hervor und die Matrosen in Dichter oder aus ihnen hervor?

Ach, gäbe es *ein* jüngstes Gericht für das Schiff *Ich*, für das Schiff *Dichtung* und das Schiff *Welt*, einen Gesichtspunkt, von dem aus das ganze wechselseitige Hervorrufen von Machen und Vorfinden, von Gesetzgebung und Gesetzeszerstörung, von Öffentlichem und Geheimem, von Dichtern und Matrosen so deutlich würde, dass sich diese Frage beantwortete. Aber was ist das für ein Wunsch, der sich von seiner Erfüllung so ohne weiteres trennen lässt?

Würden sich unter jenem Gesichtspunkt einer Art Ewigkeit, die Unterschiede zwischen dem Geheimen und dem Öffentlichen, zwischen dem Künstlichen und dem Natürlichen und schliesslich zwischen dem Machen und dem Vorfinden nicht genauso ereignen, wie wir sie jetzt als Dichter, die Gesetze geben oder zerstören, zu *machen* meinen und als Matrosen *vorzufinden* glauben?

Franz Josef Czernin
Der Himmel ist blau
Aufsätze zur Dichtung

© Urs Engeler Editor Basel/Weil am Rhein 2007
Gestaltung Marcel Schmid Basel
Gesetzt aus der Minion
Druck Těšínská Tiskarná in Český Těšín, Tschechien

ISBN 978-3-938767-23-8

http://www.engeler.de